INVENTAIRE
V 39460

NOTICE HISTORIQUE

SUR

La Manufacture d'Étoffes de Laine

DE LISIEUX.

SE TROUVE :

A Paris, chez DERACHE, rue du Bouloy, n.º 7 ;
Et à Lisieux, chez PIGEON, imprimeur.

NOTICE HISTORIQUE

SUR LA MANUFACTURE D'ÉTOFFES DE LAINE DE LISIEUX,

Depuis sa fondation comme corporation en 1435, jusqu'à la suppression des communautés d'arts et métiers en 1791 ;

Par M. H. DE FORMEVILLE, Membre de plusieurs Sociétés savantes, Correspondant du Ministre de l'instruction publique pour l'Histoire de France, Conseiller à la Cour royale de Caen.

L'enquête commerciale, faite il y a quelques mois, par l'Association normande, dans la ville de Lisieux, a eu pour but de faire connaître, entre autres choses, la statistique commerciale actuelle de cette contrée.

Un résultat fort important a sans doute été obtenu sous ce rapport ; mais ne laisse-t-il pas encore quelque chose à désirer ? Le présent est-il réellement bien connu, si l'on ne rappelle en même temps le passé qui l'a préparé ? Et l'histoire des dévelopements industriels d'un pays serait-elle donc sans intérêt, lorsqu'elle se trouve entièrement liée à ses franchises communales et à la richesse de ses habitants ?

C'est pour répondre à ces questions que j'ai cru devoir offrir aussi à mes concitoyens le tribut de mes recherches sur plusieurs branches d'industrie de leur ville, en extrayant d'un travail que j'ai entrepris sur les corporations d'arts et métiers de Lisieux, quelques réflexions qui puissent trouver place à la suite du procès-verbal d'enquête que l'Association se propose de publier dans son prochain volume.

Cette enquête ayant porté principalement sur les fabriques de frocs et de toiles et sur la tannerie, je ne m'occuperai que de ces trois industries, et je ne parlerai aujourd'hui que de la première. Ayant toujours été la plus importante, elle me fournira l'occasion de faire connaître à quelles vicissitudes les communautés de ce genre ont pu être soumises depuis le moyen âge jusqu'à nos jours.

Afin d'atteindre ce but, j'ai donc cru devoir distribuer mon travail en sept parties, ainsi qu'il suit :

1.º Origine des corporations d'arts et métiers de Lisieux ; 2.º statuts de fondation de la manufacture d'étoffes de laine de Lisieux, Fervaques et Tordouet ; 3.º organisation de sa maîtrise et jurande ; 4.º procédés de fabrication ; 5.º police du métier ; 6.º juridiction des manufactures ; 7.º résumé statistique.

CHAPITRE I.

ORIGINE DES CORPORATIONS D'ARTS ET MÉTIERS A LISIEUX.

Les arts et métiers, et surtout ceux de première nécessité, ont existé de tout temps. Il ne s'agit donc pas de rechercher leur origine en général ; mais ce qui est d'un haut intérêt pour l'histoire de chaque contrée, c'est de connaître quelles institutions ont régi primitivement toutes les professions, et comment se sont formées les communautés industrielles du moyen âge, sous les diverses influences de localité qui les ont vu naître.

Il n'est pas douteux qu'il en existait dès le 12.e siècle, et qu'elles avaient des réglements ou des coutumes auxquels leurs membres se soumettaient.

Ces réglements étaient des records des us et coutumes du métier, rapportés soit par leurs maîtres et ouvriers réunis, soit par leurs prudhommes ou autres chefs ; d'abord transcrits comme règle dans chaque métier, et ensuite présentés au juge de police du lieu pour leur donner force obligatoire par son homologation (1). La législation des arts et métiers, durant la période moyenne comprise entre le 12.e et le 16.e siècle, ne fut donc point autre chose que la sanction légale donnée aux usages pratiqués depuis long-temps, et éprouvés par l'expérience, en un mot, la satisfaction accordée aux intérêts matériels ou moraux que chaque corps voulait conserver dans son sein.

Ainsi, dans toute corporation, il était pourvu d'abord à l'intérêt industriel et commercial, puis à la conservation du métier dans les familles, ce qui les conduisait bientôt au monopole, ensuite à diverses nécessités de discipline intérieure ou de police générale, enfin au besoin de croyances religieuses, qui faisait marcher de toutes parts le tiers-état sous les bannières de ses confréries, avant

---

(1) Voir le *Recueil des Ordonnances des Rois de France*, et le *Livre des Métiers d'Etienne Boileau*, imprimé en 1837, dans la collection des documents inédits sur l'histoire de France, publiés par ordre du Roi.

qu'elles se fussent disciplinées par des statuts et réglements civils ou industriels.

Ajoutons que sur tous les points et de tous les côtés, pour l'assiette des impôts, la perception des tailles et le réglement des octrois, ces communautés étaient journellement en contact, soit entre elles, soit avec l'autorité royale, seigneuriale, ou municipale, soit avec le clergé, la noblesse, et autres privilégiés pourvus d'offices, ou exempts de toute espèce de contribution à tout autre titre.

De continuelles collisions en étaient le résultat, et de nouvelles difficultés surgissaient encore à chaque instant, au milieu du conflit de toutes les juridictions locales, qui se disputaient ou des prééminences, ou de simples droits de judicature, connus sous les noms d'*épice du juge* ou autres.

De là, sans doute, une puissante nécessité pour chaque corps de métier de se soumettre à certains réglements, afin de se créer une indépendance propre d'où il pût tirer secours contre les envahissements de la féodalité ou les prétentions des industries rivales.

Il faudrait donc pouvoir étudier et révéler en détail toutes ces causes, pour arriver à bien faire connaître le genre d'existence des corporations, et leurs divers rapports avec la féodalité, la cité et ses habitants.

Que serait-ce s'il fallait étudier toute la puissance de leur force vitale, en les remettant en action, et suivre leurs mouvements depuis leur fondation jusqu'à leur suppression définitive ?

Là, sous le modeste nom de confréries, avec le bâton de cérémonie, la croix et la bannière, et la tête couverte d'un chapeau de fleurs, on ferait revivre ces hommes de l'industrie se livrant avec ferveur aux pratiques extérieures et publiques du culte religieux, après avoir consacré des instants multipliés de dévouement aux soins assidus de la charité, secourant leurs confrères dans le besoin, payant leur pélerinage à Jérusalem, et rachetant à prix d'argent les absoutes des censures de l'Eglise encourues par quelques-uns de leurs membres (1).

Ailleurs, on les surprendrait, l'étendard guerrier à la main, marchant à la défense du trône, ou à la conquête des libertés communales.

Puis on les retrouverait, dans les derniers temps, s'agitant péniblement sous la protection du despotisme royal, obligés d'acheter leurs lettres de maîtrise, et par conséquent la permission de travailler pour vivre ; recevant en échange, et moyennant finance, des armoiries blasonnées, et le droit d'exercer dans leurs propres communautés le nombre prodigieux d'offices inutiles créés par la fiscalité. C'était à la place de la liberté, confisquée au profit du Trésor, l'introduction de priviléges roturiers au profit des plus riches. Et à côté de ces prérogatives ruineuses, se rencontreraient, d'une part, la corvée pour les chemins, prestation en nature, rachetable encore à prix d'argent ; et de l'autre les interminables procès suscités par les corporations entre elles, soit pour de modiques intérêts, soit par esprit de corps ou par amour-propre, pour des prééminences imaginaires d'une profession sur une autre.

Mais ce n'est pas tout : si l'on voulait se faire une

---

(1) Statuts des confréries de Lisieux et autres villes.

idée complète de ces aggrégations et de leur manière particulière de se gouverner, il faudrait remonter plus haut, et en même temps pénétrer plus intimement dans leurs statuts, en recherchant sous l'influence de quelle autorité elles s'étaient formées primitivement, et dans quel but elles tendaient à se développer en s'organisant.

Ainsi les unes n'avaient-elles pas pris naissance avec ces espèces de confréries de métiers établies par saint Louis, dans lesquelles les ouvriers les plus expérimentés avaient une inspection sur les moins habiles et les commençants, qui devaient faire preuve de capacité avant d'être déclarés maîtres (1)?

(1) Les corporations d'arts et métiers vinrent à la suite des communes et des bourgeoisies.

Les confréries, formées d'abord dans les villes royales, furent ensuite établies par les seigneurs dans les lieux de leurs dépendances. Les corps d'arts et métiers prirent alors une telle consistance, qu'ils furent soumis à une police spéciale, sous l'inspection d'un officier appelé d'abord *Roi des Merciers* (parce qu'alors tous les commerçants étaient désignés sous le nom de merciers), et ensuite sous la surveillance du *Grand-Chambrier* de France.

Le Ber, Histoire critique du pouvoir municipal, p. 293 :
L'article 1.er des statuts des bouchers de Bayeux porte que les francs-bouchers de cette ville et faubourgs « sont sujets à
» maintenir, garder et observer léaument (loyalement) les sta-
» tuts et ordonnances de ladite frairie, *jadis à eux baillés* par
» feu de bonne mémoire Monseigneur sainct Loys, en son vi-
» vant Roi de France ».

(Voir le récolement de ces statuts, publiés en jugement devant le lieutenant général du vicomte de Bayeux, le 19 novembre 1431, et recueillis par M. Pluquet.)

Ou bien la formation au 12.ᵉ siècle de la ligue Anséatique, cette puissante association de villes marchandes, qui souvent fit peur aux rois ; les priviléges réclamés à cette époque par les bourgeois allemands, dont les corporations d'ouvriers s'attachaient à toutes les idées d'ordre et de pacification, au point de s'emparer de la poésie des Minnesinger, qui jusque-là avait été la langue des seigneurs et des princes ; enfin les chartes de communes que de toutes parts les bourgeois de France se faisaient accorder même par les rois ; tout cela ne peut-il pas faire supposer que les associations de métiers avaient pour cause aussi quelque sentiment d'indépendance qui poussait les hommes à des idées d'organisation et de résistance contre le pouvoir féodal ? Fallait-il moins, en effet, qu'une association générale, une espèce de ligue des peuples, pour abattre cette puissance seigneuriale, croissante au 12.ᵉ siècle, si vivace au 13.ᵉ, et qui succomba au 14.ᵉ sous les efforts réunis de la royauté et du peuple, dans le désastre général de cette époque ?

On serait donc porté à croire que ces corporations se seraient d'abord formées dans un esprit industriel et peut-être religieux, conforme aux idées de l'époque, et que dans leur développement successif elles se seraient associées aux mouvements politiques des peuples, si toutefois elles ne constituaient elles-mêmes le travail progressif de ces temps vers la liberté.

Leur intervention continuelle dans les actes de l'administration municipale des villes, démontre suffisamment quel rôle elles étaient appelées naturellement à y jouer.

Il résulte même de la comparaison d'un grand nombre

de leurs statuts, que la concession qui en était faite par les rois et les seigneurs, ou leur homologation par les officiers de justice, était contemporaine des concessions de chartes ou de franchises communales dont ils étaient comme la cause ou le développement.

Aussi, dans la plupart des grandes villes, certaines corporations industrielles avaient déjà des statuts autorisés dès le 12.e et le 13.e siècle. Presque toutes en possédaient dans le 14e.

C'était donc dans ce siècle de chaos général, où tout succombait en Europe, que l'élément populaire et démocratique se développait avec le plus d'énergie, et que les communes aussi grandissaient, soutenues par les légistes, comme si l'héritage du passé leur eût été dévolu en partage. Ce fut en effet dès le commencement de ce siècle que Philippe-le-Bel les appela en aide à la royauté; et bientôt elles devaient s'élever, sans retour, sur les ruines de la féodalité.

Les petites villes ne tardèrent point à suivre cet exemple, excepté lorsque des circonstances particulières de localité venaient retarder cet élan général.

Ainsi, lorsqu'il se trouvait une ville soumise à l'autorité paternelle et tutélaire d'un seigneur dévoué aux intérêts de ses vassaux, telle était une ville épiscopale dans laquelle la charte communale se faisait attendre sans être vivement désirée, il arrivait tout naturellement que les communautés demeuraient pendant longtemps sans organisation statutaire. Dès-lors elles n'existaient point comme corporation, et n'avaient ni droit de juridiction sur elles-mêmes, ni droit de délibérer sur les intérêts communs de la cité; seulement la discipline de chaque métier était soumise à certaines règles usitées ou convenues entre les maîtres et ouvriers ; mais comme ils pouvaient les enfreindre à volonté, il en résultait, comme on le voit, qu'indépendamment de la raison politique, cet état d'inertie, favorable aux abus, aurait à lui seul suffi pour nécessiter la soumission des statuts à la sanction du juge du lieu : car aucune autorité publique ne s'occupant de réglementer les manufactures, il était naturel que chaque industrie se fît sa propre loi pour se gouverner.

Si, sous le régime des corporations, leurs statuts avaient force de loi, cela tenait à ce que le juge du lieu, soit royal, soit seigneurial, en les sanctionnant par son approbation, les reconnaissait au nom du seigneur haut-justicier, et en faisait ainsi de véritables chartes de communautés.

C'était sans doute par application de ce principe que les villes de corporations s'appelaient aussi, sous ce rapport, *villes de loi* (1), ou *villes jurées*, ce qui signifiait qu'elles avaient des communes ou des franchises quelconques. Et cela est si vrai, que la ville de Troye, qui n'avait point de commune, et par conséquent point de juridiction municipale, et qui n'était point ville de loi à

---

(1) Les villes de communes s'appelaient aussi *villes de loi*, parce que les échevins, jugeant d'après leur conscience, dans tous les cas qui n'étaient pas décidés par la charte, étaient regardés comme des lois vivantes. Aussi les appelle-t-on les hommes de loi, ou simplement les *lois de la commune*. C'est dans ce sens que la coutume d'Artois dit : Les huissiers doivent demander assistance *aux lois des lieux*, c'est-à-dire aux échevins des communes. (Henrion de Pansey, *du pouvoir municipal*, p. 26.)

cet égard, *l'était néanmoins quant au fait de la draperie*, puisque les drapiers y étaient en jurande, et élisaient des maîtres et des gardes ayant autorité sur ce métier (1).

Nous pouvons tirer de là ces conséquences, que l'établissement régulier de corporations *autorisées* supposait nécessairement l'existence préalable d'une commune, ou que les statuts de ces corps emportaient virtuellement par euxmêmes la reconnaissance de quelques franchises, en quelque sorte communales, mais en tout cas industrielles. Pour qu'il y eût jurande dans une corporation, il fallait, en effet, qu'elle fût autorisée, et par conséquent en franchise : c'était un principe reconnu, qui fut sanctionné plus tard, lorsque, par son arrêt du 14 août 1766, le parlement de Rouen déclara qu'il n'y avait pas de jurande, ni même de communauté sans lettres-patentes.

Ce que nous avons pu découvrir de la constitution du régime municipal de Lisieux, vient d'autant mieux à l'appui de cette opinion, qu'en effet la chambre de ville y fut établie avant que les corps de métiers y fussent fondés en statuts ayant force de loi.

On peut s'étonner qu'en certaines villes de Normandie, et notamment à Lisieux, les corps de métiers ne se soient pas constitués en jurande dès le 14.e siècle, et aient attendu jusqu'à la seconde moitié de l'époque de transition du 15e.

Pour la ville de Lisieux, il y en avait deux causes. La première, dont je viens de parler, était la lenteur naturelle dans le développement du régime municipal de cette ville. La seconde était l'occupation de la ville et de la province depuis 1417 jusqu'en 1449 par les Anglais. En présence de

---

(1) Ordonnances des Rois de France, t. 3, p. 410.

l'ennemi commun, il n'était pas nécessaire de lutter pour des franchises contre son seigneur.

Cependant, en l'année 1447, par bulle du 11 octobre, le siége épiscopal de Lisieux fut rempli par le savant Thomas Bazin, ancien protégé du duc de Bedford, et que ses biographes nous représentent comme s'étant immédiatement employé à réformer les nombreux abus qui s'étaient introduits sous ses derniers prédécesseurs, plus occupés des affaires de l'État que des fonctions de leur ministère. Il publia des statuts synodaux et un bréviaire pour son diocèse, fit transcrire sur parchemin les chartes et autres titres importants de l'évêché, et sembla ainsi vouloir porter la régénération dans toutes les parties de son administration.

Mais ce qu'ils n'ont pas dit, c'est qu'il gratifia la ville d'une commune, et qu'il permit à son bailli, haut-justicier, de sanctionner les statuts des corps et métiers dans l'étendue de son comté, qui comprenait la ville et les sept paroisses de la banlieue.

Nous avons à cet égard deux chartes de ce prélat, qu'il est important de rappeler (1).

Par la première, à la date de 1447, il autorise les habitants à acheter une maison pour servir de lieu de délibération communale, et de dépôt des choses nécessaires à la défense de la ville.

Par la seconde, du 30 mars 1448, qui contient l'orga-

(1) La première se trouve aux archives de la préfecture de Caen, et la seconde aux archives de la mairie de Lisieux. Nous devons communication de celle-ci à M. D'ingremont, qui a bien voulu nous en envoyer copie.

nisation véritable de la chambre de ville, après avoir recherché, *par communication,* avec les gens d'église, nobles, bourgeois et habitants de la ville, quels étaient *les manières et usages* dont la police s'y faisait sous ses prédécesseurs, il permit à dix-huit bourgeois, *requérant instamment*, que la chose publique fût gouvernée par bonne règle, ainsi que l'étaient les autres bonnes villes de Normandie ; de s'assembler devant lui pour nommer quatre notables députés devant former le conseil de ville, avec les conseil, procureur, ménagers et receveur, en présence de la justice dudit évêque. En conséquence, il octroya sa charte contenant le record des anciens usages, et la sanction authentique qu'il leur donnait, asssignant en même temps à chacun de ces quatre députés, pour leurs vacations, 100 sols par an, à prendre sur le receveur de la ville, sauf réduction proportionnelle, et condamnation à 2 sols d'amende par chaque absence aux assemblées, sans excuse légitime présentée à justice ou au procureur de la ville.

Un intérêt commun de défense réciproque semble, il est vrai, avoir présidé à ces accords, qui, comme tous ceux de ce genre, n'étaient jamais gratuits. Il paraît même que la nécessité de suivre le mouvement des autres bonnes villes de Normandie, se faisait vivement sentir. Mais qu'importe le motif, pourvu que le fait de la concession demeure constant ?

A partir de ce moment, toutes les communautés d'arts et métiers de Lisieux se gouvernèrent elles-mêmes par des statuts que chacune d'elles rédigea dans l'intérêt de son industrie particulière, sous l'autorité de la justice de l'évêque.

Et lorsque, le 16 août 1449, ce prélat distingué signa, au nom des habitants, une honorable capitulation de la ville avec les généraux de Charles VII, il stipula, par deux articles formels.

« Que tous les habitants demeureraient en leurs fran-
» chises, libertés et saisines; qu'ils seraient gouvernés en
» justice selon la coutume du pays et d'icelle ville, comme
» ils étaient avant la descente des Anglais; et que les or-
» donnances faites par justice sur le fait des métiers
» d'icelle, seraient confirmées par le Roi ».

Le Roi ayant en effet, quelque temps après, ratifié de sa propre main cette capitulation, il en résulta sans doute autorisation tacite de faire des statuts; car il ne paraît pas qu'avant 1652, aucun d'eux ait été soumis à l'autorisation du Roi ou du parlement. Ils n'étaient homologués que par sentence du bailli, haut-justicier de l'évêque, en présence de son procureur.

Mais, afin que l'existence légale de ces corporations fût encore mieux constatée, il en fut fait, par les soins de Thomas Bazin, un registre général intitulé : *Ordonnances sur les corps et métiers de la ville de Lisieux*, après que les Anglais en furent chassés (1).

Si l'on pouvait douter de l'union intime et de la contemporanéité des communes et des corporations d'arts

---

(1) Ce registre fut produit en 1769 dans un procès intéressant les boulangers. Nous ignorons ce qu'il est devenu.

L'évêque Thomas Bazin avait aussi fait transcrire sur parchemin, des rituels, des obituaires, des cartulaires, des sermons, et d'autres livres importants. Le cartulaire de l'évêque existe à la mairie de Lisieux. Plusieurs des ouvrages précités se trouvent tant à la bibliothèque de Caen qu'aux archives de la préfecture de cette ville.

et métiers, il suffirait de se rappeler que lorsque parut l'édit de suppression des communautés de Paris, du mois de février 1776, le parlement de Flandre et le Conseil d'Artois refusèrent de l'enregistrer : en conséquence les Pays-Bas français conservèrent leurs anciens usages, consistant, entre autres, dans le droit qu'avaient les juges municipaux des villes, par concession des anciens souverains, *de créer des corps de métiers* et de leur donner des statuts (1).

Ainsi, malgré tous les abus si bien signalés par le grand homme d'état de cette époque dans le préambule remarquable de cet édit, les sages vues de réforme de ce ministre échouèrent devant un régime municipal encore vivace, qui ne voulait céder aucune de ses prérogatives. Ainsi les corporations de ce pays continuèrent de se régir elles-mêmes et de se gouverner par leurs propres réglements, sous la seule autorité de leurs juges de police.

Maintenant est-il nécessaire de se demander à quelles sources les dispositions de ces statuts étaient puisées ; si elles provenaient de législations écrites ou de coutumes ? Cela est peu important, car leur rédaction avait presque toujours lieu sur les souvenirs des anciens du métier. Cependant il arrivait souvent, comme cela se pratiquait à Lisieux, que tous les avocats des cours de justice du lieu étaient appelés par le juge pour réviser les statuts de concert avec lui, avant qu'il les homologât. On peut donc raisonnablement croire que ces juristes avaient recours aux diverses législations qui régissaient leurs con-

---

(1) Merlin, *Répertoire de jurisprudence*, v.º CORPS D'ARTS ET MÉTIERS.

trées

trées. Ainsi, dans les pays de droit écrit, ils pouvaient consulter les lois romaines sur les *collegia opificum*. Dans la Normandie, au contraire, où le droit romain, en s'introduisant vers le milieu du 12.ᵉ siècle, ne fut admis que sur certaines matières, et seulement dans les tribunaux ecclésiastiques, d'où il passa plus tard aux cours séculières, les coutumes anglo-normandes prévalaient, tant elles avaient d'empire. Aussi *les lois des bourgs*, dont plusieurs dispositions se retrouvaient dans certains statuts, furent-elles sans doute consultées. Mais ce qui paraît plus probable, c'est que l'on ne faisait point de lois théoriques applicables à des cas éventuels ; on remédiait seulement aux abus à mesure qu'ils se manifestaient. L'usage s'étant établi, servait de règle ; puis la nécessité venait les modifier ; et quand le sénéchal, bailli ou autre avait sanctionné la coutume écrite, elle faisait loi jusqu'à ce qu'il fallût, selon l'expression du temps, la changer, augmenter ou diminuer.

CHAPITRE II.

STATUTS DE FONDATION DE LA MANUFACTURE.

Depuis fort long-temps la manufacture d'étoffes de laine de Lisieux et des environs était régie par ses usages particuliers et par quelques réglements généraux faits pour la province (1), ou même par les statuts des villes

---

(1) Ordonnance du Roi Jean, du mois de mars 1350, portant réglement entre les ouvriers de drap plein et de drap rayé, en Normandie.

Réglement du mois de mars 1367, donné par le Roi aux drapiers

voisines, lorsqu'en 1435 et 1436 elle commença à se gouverner selon certains points et articles arrêtés entre ses membres pour le bien du métier, l'utilité et le profit de la chose publique.

Ces statuts ne sont point parvenus jusqu'à nous. On trouve seulement dans les archives de cette communauté que cette manufacture existait de toute ancienneté à Lisieux ; qu'elle était dès le 14.e siècle une des plus considérables de la Normandie, et que ses statuts, révisés le 11 mai 1437, avaient été confirmés par le Roi en son Conseil à Rouen.

Environ vingt ans après, l'insuffisance de ces dispositions s'était déjà fait sentir, et il y fut pourvu par de nouveaux réglements en 1456.

Mais il paraît que tous ces articles ne furent réellement complétés que le 30 novembre 1482, et réunis en un corps de statuts, soumis à une révision générale sur la demande de plus de quarante maîtres du métier, de la ville et de la banlieue, et en présence de la justice de l'évêque.

Ce règlement comprenait tout ce qui concernait les drapiers, fabricants, foulons, tondeurs, lanneurs, les fileuses de traymes, les marchands de chardons et les teinturiers. On ne connaissait point encore les marchands de draps en gros ; ils ne parurent à Lisieux qu'au commencement du 18.e siècle.

La mauvaise qualité des laines et des matières em-

---

de Caen sur les longueurs et largeurs, et sur le plomb de marque des étoffes.
Ordonnances des rois de France, t. 2, p. 396, et t. 5, p. 105.

ployées pour la teinture, et le mélange de plusieurs qualités de fils dans la trame, nécessitèrent des corrections, suppressions et augmentations. En conséquence il fut fait, le 29 septembre 1490, une ordonnance de justice, par le sous-sénéchal de Lisieux, sur articles baillés par plusieurs maîtres, ouvriers et marchands du métier et marchandise de draps et laines, montrés au vicaire de l'évêque et à son avocat fiscal, ainsi qu'à son procureur général, à l'avocat des bourgeois et habitants de la ville, au procureur général desdits habitants et à plusieurs autres bourgeois, tous appelés à en délibérer.

Aucune de ces *louables* ordonnances n'ayant fait mention des tisserands en serge, quoique l'article 35 de celle de 1482 défendit, sous peine de 100 sols, aux tisserands de draps et de serges de faire en même temps ces deux métiers, et d'ailleurs les divers cas de fautes y étant mal spécifiés, les maîtres et ouvriers se transportèrent, le 3 mars 1510, devant le sous-sénéchal, et présentèrent à son approbation des articles qu'ils avaient extraits des anciennes ordonnances du métier et de celles observées en plusieurs bonnes villes de Normandie. Par deux de ces articles, il fut aussi permis de tisser à tout compte (largeur), sans aucune reprise, certaines parties d'étoffes appelées lingettes, langets et devanteaux (1). Le ma-

(1) Les *lingettes* et *langets* étaient des étoffes particulières en laine, qui servaient, comme actuellement, à faire des langes aux enfants.

Les *devanteaux* ou devantières étaient des espèces de tabliers d'un seul morceau en hauteur, en forme de jupon, dont les femmes se servaient pour monter à cheval, afin de conserver leurs vêtements. Ce mot est encore usité dans ce sens à la campagne.

gistrat ayant délibéré ces articles avec l'avocat et le juge général de l'évêque, ainsi que plusieurs autres notables, et en suivant leur opinion, il accorda aux gardes et maîtres de se régler par cesdits statuts.

Cependant les ouvriers et autres gens du métier s'étant aperçus que ces ordonnances, en défendant de fabriquer des draps avec de mauvaises laines, ne parlaient point des étoffes destinées à faire des doublures, s'avisèrent d'employer ces matières défectueuses à la confection de ces sortes d'étoffes, et se mirent d'intelligence avec les foulons pour les fouler très-peu, afin de leur conserver la largeur convenable.

Alors, et après une délibération prise par les avocat et procureur de l'évêque, par le roi de la confrérie, les gardes-jurés et un grand nombre de maîtres dudit état, le sous-sénéchal réprima cet abus par décision, en forme de règlement, du 22 août 1523.

On voit déjà combien des règles fixes et sévères étaient devenues nécessaires pour arrêter les fraudes et réprimer les abus. Un nouveau fait le démontrera encore mieux. Il fut la cause d'une sentence d'homologation du 7 septembre 1532, rendue ès pleds de Meubles tenus par le vicomte de Lisieux.

Le désir de faire fraude à la loi avait été, nous l'avons vu, l'occasion d'une fabrication de nouvelle étoffe pour doublures.

Maintenant ce sont toutes les ordonnances du métier qui demeurent sans exécution, sous les prétextes les plus frivoles : parce que les sceaux s'en sont trouvés rompus par le temps, ou parce que l'une des dernières ampliations, celle de 1523, n'avait pas reçu l'approbation d'un sous-sénéchal, pour cause de son décès advenu tôt après la date d'icelle, et avant que de tous elle eût été signée ou approuvée du greffier. Il fallut donc une requête du Roi et des gardes, et une déclaration du juge de police après délibéré, pour valider lesdites ordonnances.

Le 23 novembre 1570, les statuts étant devenus illisibles, le bailli vicomtal fut encore obligé d'ordonner que le transcrit en serait observé et qu'il y serait ajouté foi.

Le progrès industriel, quoique fort lent à cette époque, avait néanmoins, durant un demi-siècle, introduit de nouvelles étoffes dans la manufacture. Une sentence fut rendue le 16 février 1579, contenant réglement donné par justice aux tisserands, pour la fabrication des frises, felins et revesches. Une première sentence du 26 octobre 1592 en fixa la largeur ; puis, après plusieurs requêtes et un essai fait par les foulons, par ordre et en présence du juge, pour constater la diminution de largeur que ces étoffes peuvent subir en passant par cet apprêt, le résultat en fut sanctionné par sentence définitive du 12 mai 1597, qui détermina le nombre de *portées* de chacune d'elles.

Cependant, soit que ces dernières dispositions se trouvassent oubliées ou tombées en désuétude en 1652, on ne s'en occupa plus dans un travail de récolement qui fut homologué par le bailli vicomtal de Lisieux le 29 février de cette année, et enregistré au parlement de Rouen le 16 août 1653 ; les ordonnances de 1435, 1436, 1456 et 1510 y étaient seules rappelées. Le préambule même portait que les manufactures qui étaient spécifiées dans ces ordonnances n'étaient plus en usage, et que d'ailleurs elles ne faisaient aucune mention des étoffes actuellement fabriquées, telles que felins, frises, frocs, revesches croisées et revesches communes, et ne fixaient aucunement le nombre des portées requis pour les tenir de laize compétente, omettant également de s'occuper des fautes et malversations qui pourraient à l'avenir mouvoir procès. Ce fut par ces considérations que les gardes et maîtres, au nombre de trente-sept, présentèrent à l'homologation les nouveaux articles par eux rédigés tant sur les anciennes ordonnances que sur celles observées en Normandie.

Il est difficile de s'expliquer ce silence, à moins que l'on ne considère que les statuts de 1482, 1490, 1579 et 1597, ne concernaient que les foulons, tondeurs, lanneurs et teinturiers.

Les rédacteurs des articles de 1652 ne pouvaient cependant ignorer ces dernières ordonnances, puisqu'elles se trouvaient rappelées dans celles que mentionnait leur préambule.

Mais entendues dans le sens que nous venons d'indiquer, il faudrait en conclure que les frocs et les revesches croisées dont on s'occupait pour la première fois en 1652, étaient alors des étoffes nouvelles à Lisieux ; et que les draps originairement fabriqués dans la manufacture n'étaient pas de cette nature, mais probablement beaucoup plus légers.

Dans la seconde moitié de ce siècle, les ouvriers de certaines manufactures, telles que laine et fil, teinture et blanchissage, etc., s'étant beaucoup relâchés, et leurs ouvrages ne se trouvant plus de la qualité requise,

(23)

le Roi prit le parti de s'occuper de l'industrie, et fit dresser des statuts et réglements dans plusieurs villes et principaux lieux où les établissements en étaient faits ; et, afin de rendre bonne et prompte justice, il commença par faire, au mois d'août 1669, un réglement général pour la juridiction des procès concernant les manufactures, dont il attribua la connaissance aux maires, échevins, ou autres faisant pareille fonction.

Puis, à la même date, il donna des lettres-patentes portant approbation de statuts sur les longueurs et largeurs d'étoffes de laine et autres, et sur leurs teintures, afin de rendre uniformes par toute la France celles de mêmes sorte, nom et qualité.

On y voit figurer, articles 23 et 26, les frocs de Lisieux et Bernay et les serges de Crèvecœur.

Une multitude d'édits, réglements et arrêts du Conseil vinrent successivement introduire de nouvelles dispositions, communes à toutes les villes et bourgs de manufactures du royaume.

Il arriva alors que les marchands drapiers, qui jusqu'en 1757 n'avaient point encore été établis en jurande à Lisieux, et par conséquent n'avaient point de statuts autorisés, voulurent s'établir en communauté, afin de pouvoir visiter, marquer et saisir, de préférence même aux gardes-jurés fabricants, les frocs défectueux apportés en ville pour y être vendus.

Déjà depuis près d'un demi-siècle ils faisaient corps ensemble et élisaient des gardes entre eux, mais uniquement pour le maintien de leur discipline. Ceux qui voulaient être admis à la maîtrise, ne pouvaient prendre que la qualité de maîtres tondeurs en table sèche.

Les statuts de 1652, enregistrés sous le nom des maîtres et ouvriers du métier de tisserand-drapier de la ville et banlieue de Lisieux, ne reconnaissaient que des fabricants et non des marchands.

On n'en reconnaissait pas davantage par l'édit de 1669, qui n'avait pour objet que les drapiers-drapants du royaume. Cet édit les érigeait en corps dans chaque ville (art. 34); les forçait de nommer tous les ans des jurés (art. 35) chargés de visiter et marquer les étoffes au retour du foulon (art. 39), de visiter et marquer à la halle, faire saisie et poursuite, etc..., et, qui plus est, d'exercer la visite *sur les marchands* et ouvriers, assistés, en cas de refus de ceux-ci, d'un officier de justice (art. 43).

Aussi lorsque survint le règlement du 16 juillet 1737, confirmatif de l'édit de 1669, on ne connaissait à Lisieux d'autres gardes pour visiter, marquer et saisir les draps de la ville et de la banlieue, et ceux de Tordouet et Fervaques, que les gardes-jurés des fabricants. Il ne fut point créé de communauté de marchands de frocs en gros. Les vendeurs en détail étaient classés dans celle des merciers.

Mais des contrôleurs et inspecteurs des draperies ayant été constitués par édit du mois d'octobre 1704, ces fonctionnaires établirent à Lisieux un bureau de contrôle dont ils confièrent la direction aux gardes des marchands drapiers, pour ne pas le tenir eux-mêmes. Afin de maintenir cet usage, ils firent ensuite insérer dans le règlement de 1737 dont ils donnèrent le projet, l'article 61, portant qu'il serait élu des gardes-jurés des *fabricants* et des *marchands* ; et l'article 65 enjoignant tant aux *jurés-fabricants* de visiter les laines dans les foires et marchés, qu'aux *gardes-marchands* de visiter les boutiques et magasins des marchands de leur communauté, avec autorisation de faire poursuivre les contrevenants devant les juges des manufactures.

Les inspecteurs firent plus encore, et établirent, avec la permission de l'intendant, un plomb de contrôle, dont ils confièrent l'apposition aux *marchands drapiers* de Lisieux.

De là ceux-ci soutinrent de longs procès pour s'attribuer des droits de visite sur les marchandises apportées dans la ville, à l'exclusion des jurés-fabricants.

Enfin ils sollicitèrent des lettres-patentes d'homologation de statuts qu'ils présentèrent le 2 avril 1757. Les autres communautés s'y opposèrent, et il parait qu'ils ne furent point admis.

Seulement il fut décidé, par arrêt du Conseil du 7 septembre 1762, que les gardes-jurés des marchands, et non ceux des fabricants, pourraient à l'avenir visiter et marquer, à leur bureau où elles seraient apportées, les étoffes de laine provenant des campagnes ou des lieux où il n'y aurait point de communauté, si ces étoffes étaient apportées en ville pour y être vendues.

Des réglements spéciaux pour la Normandie et la généralité d'Alençon, de laquelle faisait partie l'élection de Lisieux, vinrent ensuite compléter le code de la manufacture dont nous nous occupons.

Ce fut en vain qu'en l'année 1776, le célèbre Turgot tenta de supprimer toutes les corporations d'arts et métiers; il fut représenté comme un novateur dangereux, et ce prétexte servit à le faire disgracier. Moins de six mois après sa sortie du ministère, ses projets furent renversés, et un nouvel édit rétablit ces communautés, avec moins d'abus il est vrai, mais avec non moins de vices nuisibles à l'industrie.

L'édit du mois d'avril 1779 en ordonna le rétablissement, avec un régime constant et uniforme, dans les villes de Normandie autres que celle de Rouen à laquelle il avait déjà été pourvu.

Le but était de proportionner le nombre des communautés et le tarif des droits d'admission à l'étendue des villes. En conséquence elles furent classées dans trois états, par l'un desquels il en fut établi vingt-trois à Lisieux, avec tarif de réception, gradué depuis 50 livres jusqu'à 300 livres.

Les fabricants d'étoffes de laine y furent tarifés à 150 livres, avec faculté de donner la teinture et tous les apprêts aux ouvrages de leurs fabriques, et de les vendre en gros et en détail concurremment avec les marchands.

Dans un autre réglement général du 4 juin 1780, qui annonçait devoir être modifié par généralité, afin de se conformer aux usages anciens des lieux de fabriques, de manière que les réglements ne fussent point une innovation, mais un moyen de fixer plus distinctement les obligations des fabricants et d'en rendre l'exécution plus facile, le Roi s'occupa de déterminer les règles de police générale concernant les étoffes de laine, sauf à déterminer, par des tableaux particuliers, tant les qualités et les quantités des matières devant servir à la composition des étoffes, que les apprêts de celles-ci, afin qu'elles fussent revêtues du plomb de réglement.

En conséquence de ces réserves, il fut donné, le 1.er mars 1781, des lettres-patentes portant réglement pour la fabrication des étoffes de laine de la généralité d'Alençon.

Des tableaux y étaient annexés pour indiquer les règles

à suivre dans les fabriques des diverses localités. On y trouve ce qui concerne les frocs forts et les frocs faibles de Tordouet, Fervaques et Bernay, et les cinq qualités de flanelles ou molletons de la ville de Lisieux. C'est pour la première fois qu'il est fait mention de ces sortes d'étoffes.

Par une autre conséquence du réglement de 1780, une déclaration du Roi du 6 février 1783, concernant les communautés du ressort du parlement de Rouen, leur rendit applicable une déclaration du 1.er mai 1782 contenant quelques articles de réglement provisoire pour le parlement de Paris. Ils étaient spécialement relatifs aux réceptions des maîtres et aux agrégés dans les nouvelles communautés, aux apprentissages et maîtrises, aux syndics et adjoints, à la tenue des assemblées, aux procès, au mode de comptabilité et d'administration, à la police et au commerce.

Telles sont, en général, les principales dispositions sous l'empire desquelles la communauté se gouverna jusqu'au temps où fut proclamée la liberté de l'industrie et du commerce, en 1791.

Il en intervint beaucoup d'autres, et notamment plusieurs arrêts du Conseil. Mais elles ne devront trouver place qu'autant qu'elles serviront à expliquer quelques-uns des aperçus généraux qu'il me reste à présenter pour faire connaître le mouvement vital de cette communauté, sous le rapport de son administration intérieure et de son développement industriel.

CHAPITRE III.

ORGANISATION DE LA MAITRISE ET JURANDE.

§. Ier. *Apprentissage.*

Avant que la liberté du commerce existât, on pensait sérieusement que la confiance, la probité et la bonne foi en faisaient surtout la force. L'acheteur s'en rapportait au vendeur sur la qualité de sa marchandise, au moyen de certaines marques qui en étaient la garantie et en assuraient au loin la circulation. Le luxe immodéré n'avait pas encore appris à se contenter d'étoffes de médiocre qualité, dont on n'attend point une longue durée. Les modes étaient fort stationnaires, même quant à la forme des vêtements. Enfin la médiocrité de fortune des bourgeois les rendait nécessairement fort économes de toutes choses, puisque la vie entière d'un négociant ne lui suffisait pas pour arriver à la richesse.

De toutes ces causes réunies, et surtout de l'existence du monopole industriel dans les familles, il résultait que pour être admis à exercer une profession, il fallait faire preuve de capacité et de probité, et se soumettre à des épreuves longues et sévères.

L'apprentissage était le premier de ces noviciats et le plus difficile; même une affaire tellement importante, qu'il durait quelquefois jusqu'à dix ans, et qu'au bout de ce temps, l'aspirant pouvait être refusé maître, et privé ainsi de travailler pour son compte.

Dans la manufacture de Lisieux, l'apprentissage d'un

varlet du métier de drapier durait anciennement deux ans, et il pouvait besogner un mois avant de faire serment. Pour ce serment, et sa lettre d'apprentissage que lui délivrait le juge, il payait à celui-ci 2 sols 6 deniers; à la confrérie du métier 10 sols, et aux gardes 10 sols; ou bien 5 sols seulement à chacun d'eux, s'il était fils de maître. (Statuts de 1482, art. 9.)

Si l'apprenti, dégoûté du métier, délaissait son service, le maître ne pouvait en prendre un autre, tant que ses deux années n'étaient pas accomplies, s'il n'y avait cause légitime et raisonnable. (Art. 10.)

Le maître qui prenait cet apprenti, payait une amende de 3 sols, partageable entre la justice, la frairie et les gardes. (Art. 11.)

Aucun maître ne pouvait avoir plus d'un apprenti, excepté pendant la dernière année de l'apprentissage. (Art. 12.)

En 1510, l'apprentissage fut fixé à trois ans au moins. L'apprenti fut obligé de prêter serment devant le juge, dans les *quinze jours* après l'aleu, et de lui payer pour cela 12 deniers. (Statuts de 1510, art. 8.)

Le maître que l'apprenti avait quitté avant les trois années révolues, ne pouvait en prendre un autre pendant le temps qui restait à courir, s'il n'y était autorisé par justice, sur peine de 30 sols. L'apprenti, reçu sans cette formalité, n'aurait ainsi, pour son service, acquis aucune droiture. (Art. 9.)

Le fils de maître, de la ville ou banlieue, qui voulait apprendre l'un des métiers de la fabrique, soit avec son père ou un autre, faisait serment à justice, en payant 18 deniers au juge et 2 sols 6 deniers à la frairie. (Art. 13.)

Les mêmes obligations furent conservées en 1652, sauf que l'apprenti devait payer, sous la responsabilité de son maître, pour la cire de son apprentissage, une livre de cire ou 25 sols, à la discrétion des gardes, afin d'être employés à l'entretien du luminaire et torche de la confrérie. Il payait pour le serment, au juge son salaire, et aux gardes qui l'avaient conduit à justice, 20 sols.

Les réglements ne s'occupaient point des conditions de l'apprentissage, qui ressemblaient à toutes les conventions particulières de ces époques. L'acte qui les contenait et qui s'appelait *brevet*, était ordinairement passé sous seing privé, ou devant les tabellions, et inscrit sur les registres de la communauté. Un prix était convenu entre les parties, en retour de l'obligation d'enseigner le métier. Les devoirs de l'obéissance passive la plus absolue y étaient stipulés, ainsi que ceux du respect dû au patron, et de l'affection paternelle que celui-ci promettait en échange. En même temps il était accordé permission à l'apprenti de quitter chaque jour le travail pour aller au catéchisme et faire sa première communion. Il lui était également réservé de disposer entièrement de son temps à son profit durant les quinze jours de la foire de Guibray. (Registres de la communauté.)

Par son serment, l'apprenti jurait de se conformer exactement aux prescriptions de son brevet, de servir fidèlement son maître, et de travailler activement pour la prospérité et l'avantage du commerce de celui-ci.

Quant aux compagnons, ceux de dehors pays (1) pouvaient, en 1482, venir travailler en journée, à la ville,

---

(1) C'est-à-dire qui n'étaient ni de la ville, ni de la banlieue.

durant quinze jours sans rien payer ; mais s'ils voulaient s'y tenir pour *ouvrer* dudit métier, ils devaient payer 15 sols, dont moitié à la confrérie, et moitié aux gardes-jurés. (Art. 16.)

A cette disposition, les statuts de 1510 ajoutèrent que si ce compagnon s'arrêtait plus de quinze jours, son maître serait tenu de l'adresser aux gardes qui le mèneraient à justice pour faire serment, sous peine de 10 sols d'amende. Ledit ouvrier payait alors pour sa *bienvenue* 5 sols à la confrérie et 12 deniers au juge. (Art. 17.)

En 1652, on se contenta d'élever le taux de l'amende et de la bienvenue à 20 sols. (Art. 11.)

Cependant il fut ajouté par le même article que les maîtres et ouvriers qui n'auraient pas le moyen de travailler pour eux, ne pourraient le faire que pour le compte d'autres maîtres ou de quelques bourgeois et gens des champs, pour *leur user*, sous peine d'amende arbitraire et de confiscation de la manufacture au profit de la confrérie.

Cet état de choses dura jusqu'à l'édit du mois d'août 1669, qui, par ses articles 46 à 50, fit de nouvelles dispositions pour les villes et bourgs où il n'avait été donné aucuns statuts particuliers ; et dit que pour les autres il en serait usé comme par le passé, suivant et conformément aux statuts particuliers homologués au Conseil royal du commerce, et qui leur avaient été donnés.

L'apprentissage des drapiers fut réduit à deux ans, et celui des sergers maintenu à trois. Le brevet devait en être passé devant notaire, et enregistré sur le livre de la communauté. Les apprentis ne pouvaient s'absenter de la maison de leurs maîtres sans cause légitime, et jugée telle par le juge de police. Après un mois d'absence, le maître pouvait le faire rayer des registres de la communauté, etc...

Déjà l'ordonnance du mois de janvier 1613 avait voulu qu'après le temps d'apprentissage expiré, l'apprenti fût tenu de demeurer, durant un égal intervalle de temps, chez son maître ou chez tout autre marchand.

Sous l'empire de celle du mois de mars 1673, il fallait que les fils de maîtres demeurassent jusqu'à l'âge de dix-sept ans chez leurs père et mère, pour leur tenir lieu d'apprentissage; avant cela ils étaient reçus maîtres dès l'âge de trois ans, ou pendant leurs études au collége. La franchise leur était acquise dès le moment de leur naissance. Mais on sentit que cela ne devait pas les dispenser d'apprendre le commerce.

Aussi l'auteur du *Parfait Négociant* (1) faisait-il remarquer, en 1763, que de son temps il y avait plus d'enfants de négociants que d'autres, qui fissent faillite. Elles provenaient, selon lui, de l'inexpérience ; et il signalait à cette occasion un autre abus que voici :

Dans les villes de maîtrise beaucoup s'obligeaient, disait-il, envers les marchands pour gagner la franchise seulement et se faire recevoir marchands, mais ils ne servaient pas pendant le temps porté à leur brevet. C'était à cause de cela que pour la réception à la maîtrise, on exigeait des aspirants que deux marchands du même corps certifiassent les avoir vus servir le temps de leur apprentissage.

(1) Savary, t. 1, p. 36, 117, etc.

Quant

Quant aux devoirs particuliers et domestiques, qui n'étaient point écrits, mais que l'usage et la sévère discipline des maîtres avaient pu introduire parmi les apprentis, le même auteur en trace les règles en peu de mots :

Craindre Dieu et le servir ; obéir aveuglément aux maîtres, les servir avec fidélité, respect et dévouement, sans dévoiler le secret de leurs affaires : tels étaient ses premiers préceptes. Il voulait ensuite qu'ils leur parlassent chapeau bas, puisque ceux-ci devaient les gouverner en bons pères de famille. En Angleterre, les apprentis étaient encore plus humbles qu'en France ; car, quoique gentilshommes et que leurs frères fussent quelquefois milords, ils avaient toujours la tête nue dans la boutique ou le magasin, et mangeaient debout à la table de leurs maîtres. A Toulouse, Bordeaux et ailleurs, les apprentis en usaient comme en Angleterre. Plus humbles, ils étaient plus honnêtes gens.

Il voulait encore que les apprentis vécussent en bonne intelligence avec leurs camarades et les domestiques, eussent une bonne conduite, fussent modestes jusque dans leurs vêtements, et missent toujours de l'empressement à plier les marchandises, pour ne pas les corrompre et *appiétrir*. Les empêcher de devenir *piétrerie*, c'était ce qu'on appelait en terme de brevet d'apprentissage, éviter le dommage du maître.

Malgré toutes ces recommandations et les sages précautions de la loi, les abus se multipliaient à l'infini, et les compagnons et ouvriers en étaient venus au point de former entre eux des coalitions, lorsque fut rendu, le 2 janvier 1749, un arrêt du Conseil, suivi de lettres-patentes, portant réglement pour leur défendre de quitter leurs maîtres sans congé, ou permission du juge, ni de s'assembler en corps, ou de cabaler.

Ce provisoire ayant été maintenu par l'édit de 1779, article 35, portant que dans les communautés nouvellement créées, les anciens statuts et réglements sur les apprentis seraient exécutés jusqu'à réglement ultérieur, ce fut le 6 février 1783 que parut ce réglement, encore provisoire, comme tout ce qui concernait alors ces sortes de matières. On y remarque que les brevets d'apprentissage ne pouvaient plus être faits sous seing privé; que leur durée était de quatre ans, ou de deux ans pour les fils de maîtres étant chez chez leurs parents. L'inscription du brevet sur les registres de la communauté coûtait 4 l., dont moitié pour les syndics et adjoints, et moitié pour la communauté. Les fils de maîtres ou d'agrégés (c'est-à-dire d'anciens maîtres non pourvus de nouvelles lettres de maîtrise) étaient inscrits gratuitement. Les anciennes dispositions réglementaires sur la police des apprentis étaient formellement conservées. Enfin il leur était expressément défendu de s'assembler sous prétexte de confrérie ou autrement.

On voit par ces défenses quelles étaient déjà les idées de mouvement qui fermentaient au sein des corporations industrielles, et qui tendaient à faire tomber le monopole des maîtres au profit des ouvriers. Leur émancipation se préparait, et la liberté du commerce devait en être tôt ou tard la conséquence.

§. II. *Maîtrise.*

Les maîtres d'un métier, ayant seuls le droit, sous

le régime des corporations, de tenir boutique ou magasin pour vendre ou pour fabriquer, la maîtrise était dès-lors un privilége exclusif que l'on ne pouvait obtenir qu'à certaines conditions.

Après l'apprentissage, les fils de maîtres et les apprentis ou compagnons avaient droit à la maîtrise, mais en se soumettant à faire l'expérience ou chef-d'œuvre ordonnés par les statuts.

Les premiers réglements de la manufacture de Lisieux manquant pour les années 1435 et suivantes, il faut descendre jusqu'à ceux de 1510, qui en étaient sur ce point la fidèle reproduction, pour trouver les règles relatives à la maîtrise des drapiers-fabricants de cette ville et de la banlieue.

D'après l'article 11, l'apprenti qui voulait se soumettre à l'épreuve, devait commencer par avoir un métier à lui appartenant; alors les gardes du métier lui donnaient le chef-d'œuvre, consistant dans la fabrication d'un drap ou serge. Ils surveillaient plusieurs fois cet ouvrier durant son travail. Pour cette double opération il leur était dû à chacun 5 sols. Lorsque le chef-d'œuvre était terminé, il était visité par lesdits gardes-jurés et plusieurs autres maîtres, au nombre de dix à douze, qui, s'ils trouvaient l'aspirant capable, le recevaient pour être passé maître, et le menaient à justice devant le bailli vicomtal, à ce appelés les avocat et procureur de la justice de l'évêque audit bailliage, devant lesquels ils faisaient leur rapport. En même temps ils demandaient qu'il fût admis au serment accoutumé, consistant à jurer de faire œuvre bonne et loyale, d'obéir aux gardes du métier, et de se conformer aux réglements. Pour ce serment et la lettre ou certificat qui en était délivrée , le juge recevait 5 sols. Le nouveau maître payait de plus pour sa *hance* (1) 40 sols ; une livre de cire pour la boîte de la confrérie et pour la torche ; à justice pour l'évêque seigneur temporel du lieu , 10 sols , et aux gardes 5 sols. Il fallait encore qu'il donnât à dîner à tous les maîtres et jurés , bien et raisonnablement (2) , ou qu'il payât pour cela 40 sols. (Art. 11.)

Si l'aspirant n'était pas trouvé *suffisant* ouvrier et était renvoyé apprendre le métier , il payait 10 sols aux juges de son chef-d'œuvre.

L'esprit de monopole plutôt que l'équité faisaient trop souvent prononcer ces sortes d'ajournements , sous les plus légers prétextes ; et , pour ne pas s'exposer à ce que les exclusions devinssent définitives , les aspirants se voyaient obligés de solliciter leurs examinateurs , ou de leur donner de l'argent et de bons dîners , s'ils avaient pu acquérir assez d'aisance pour le faire.

Quant aux fils de maîtres , on pense bien qu'ils étaient toujours reçus sans la moindre difficulté. Ils payaient d'ailleurs moitié moins que les autres : demi-hance, et 5 sols au juge. (Art. 13.)

Il semble même qu'ils fussent dispensés de chef-d'œuvre

---

(1) Le droit de hance était le droit d'association à une communauté , perçu par le seigneur qui avait octroyé le métier. A Lisieux, la hance se payait à l'évêque lorsque le nouveau maître prêtait serment. Ainsi ce droit n'était dû qu'en cas de réception à la maîtrise.

(2) Dans certaines communautés le nouveau maître donnait aux autres un coup de vin nouveau, dans lequel il y avait de la sauge infusée , ou la chair d'un lièvre , etc....

ou d'examen, si l'on en juge par les termes mêmes du statut, portant que chaque fils de maître de la ville et banlieue qui voudra besogner dudit métier, sera mené par les gardes et jurés à justice pour faire le serment, et aura le juge pour ce et pour la lettre, 5 sols. Le fils de maître paiera, pour l'outre-plus en toutes choses, moitié du prix des apprentis, c'est-à-dire demi-hance.

L'ouvrier qui avait fait son apprentissage en-dehors de la ville et banlieue, était traité plus défavorablement que tous les autres : c'était un étranger à la fabrique, que le monopole avait toujours intérêt à repousser, surtout s'il pouvait importer quelque invention nouvelle.

Aussi, pour être admis à faire son chef-d'œuvre, il commençait par payer 15 sols à la confrérie pour lui tenir lieu d'apprentissage, ensuite 5 sols aux gardes qui lui avaient donné le chef-d'œuvre à faire ; et si, après la visite des maîtres et gardes, il n'était trouvé *suffisant*, il leur devait, à titre de dédommagement, 12 sols 6 den. Si, au contraire, le chef-d'œuvre était approuvé, alors ce nouveau maître était mené à justice dans la forme accoutumée ; mais, indépendamment des 5 sols dus au juge pour le serment et la lettre qui en était délivrée, il payait encore pour la double hance 60 sols, une livre de cire à la confrérie, 10 sols à l'évêque et 10 sols aux gardes, enfin un dîner aux maîtres et gardes, ou pour ce, 50 sols. (Art. 12.)

Si un maître reçu en ville de loi se présentait à Lisieux pour besogner sous la visitation des gardes, il y était reçu ; mais il fallait qu'il payât pour sa bienvenue 20 sols et une livre de cire à la boîte de la confrérie, 10 sols à l'évêque, 20 sols aux gardes, et 20 sols pour le dîner. (*Id.*)

Par un autre privilége attaché à la plupart des corporations, les veuves de maîtres jouissaient des droits de maîtrise de leurs maris défunts. Elles pouvaient continuer le métier avec bons ouvriers, et garder l'apprenti du mari sans en pouvoir prendre d'autre. (Art. 15.)

La maîtrise des apprêteurs était aussi soumise à des règles particulières : les conditions en étaient déterminées par les statuts de 1482. Quoique faits pour les fabricants en général, cependant ils ne s'exprimaient sur leur maîtrise qu'en termes paraissant s'appliquer uniquement aux drapiers-foulons, lanneurs, tondeurs.

L'article 12 portait, en effet, que le varlet qui, après l'apprentissage, voudrait tenir son métier, serait obligé de faire chef-d'œuvre, c'est à savoir, fouler, lanner et tondre. Si le chef-d'œuvre, vu et visité par les gardes-jurés avec aucuns desdits maîtres et ouvriers dudit métier de drapier, était *dûment appareillé, que ledit ouvrier dût être passé maître*, il devait payer pour la levée de son *ouvreur* (1) 60 sols, dont moitié à la *frairie*, et l'autre moitié aux gardes-jurés. S'il était fils de maître, il en était quitte pour 30 sols au *passement* (2) d'iceux. Dans tous les cas, il fallait payer à dîner aux gardes et maîtres du métier.

Celui qui ne savait que fouler et lanner, ne pouvait faire que ce sur quoi il avait été expérimenté ; et il payait pour la levée de son ouvreur 40 sols tournois, dont moitié à la *frairie*, et l'autre aux gardes. (Art. 13.)

---

(1) Boutique.
(2) Lorsqu'il était passé maître des métiers de foulon, lanneur, ou tondeur.

Celui qui ne savait que tondre, faisait son chef-d'œuvre sur le fait de la tonture devant les gardes et autres maîtres, et payait 30 sols, applicables comme dessus. (Art. 14.)

Les conditions du chef-d'œuvre pour les fabricants furent renouvelées en 1652; mais les prix de réception furent augmentés, et l'attribution des deniers modifiée, en ce sens que le nouveau maître payait 10 livres à la confrérie, 20 sols à l'évêque pour hance, aux gardes leurs salaires, et 4 livres aux dix ou douze maîtres appelés comme arbitres pour juger le chef-d'œuvre. (Art. 6.)

Les prix variaient également à l'égard de l'apprenti du dehors qui se présentait pour faire chef-d'œuvre. (Art. 7.)

Et quant au fils de maître, il ne payait que le salaire du serment, et pour la cire et ses droits de confrérie que 40 sols, destinés au service divin, à l'entretien du luminaire et de la torche; plus 10 sols pour sa hance, sans être tenu de faire aucun chef-d'œuvre. (Art. 8.)

Il restait à régler ce qui concernait les apprentis du dehors. Un arrêt du Conseil du 25 mars 1755 ordonna que tous ceux qui auraient justifié d'un apprentissage et compagnonnage chez les maîtres d'une ville où il y aurait jurande, seraient admis à la maîtrise de leur profession dans les communautés de toute autre ville, excepté Paris, Lyon, Lille et Rouen.

La nécessité du chef-d'œuvre fut conservée par l'édit du mois d'août 1669, mais les lettres de réception ne coûtèrent plus que 6 livres pour tous droits. (Art. 48.)

D'autres dispositions concernaient aussi les fils de maîtres, qui pouvaient être reçus dès l'âge de seize ans, après avoir fait seulement *leur expérience* en présence des jurés.

Jusque là, à travers le voile de l'intérêt public, on aperçoit bien encore le monopole et le privilége industriel se perpétuant dans la famille ; mais un coup plus terrible devait bientôt être porté à tout progrès industriel : il était réservé à la fiscalité, qui ne reconnaît ni capacité ni intelligence, de substituer la vénalité des maîtrises aux conditions d'apprentissage et d'examen préalables auxquelles elles avaient été soumises.

Lorsque le règne de Louis XIV fut arrivé à ce point que le trésor public, obéré par de longues guerres et de folles dépenses, obligea le contrôleur général des finances à lever de nouveaux tributs sur le peuple, c'est alors que furent imaginées les lettres de maîtrise distribuées à prix d'argent par le prince, et que furent renouvelées les concessions du droit de travailler, comme émanant directement de l'autorité royale.

Alors parut l'édit du mois de mars 1691, qui supprima tous les maîtres et gardes, syndics et jurés *d'élection*, et en créa en même temps d'autres en *titre d'office*.

Déjà, par des édits de Henri III et de Henri IV, des *maîtres sans qualité* avaient été créés au nombre de trois dans chaque corps des arts et métiers du royaume (1).

(1) Plus tard, leur nombre s'était élevé de deux à douze, selon l'étendue des communautés. Sous le régime des maîtrises et jurandes créées en titre d'office, il y avait un grand nombre de ces maîtres sans qualité, c'est-à-dire reçus dans les *villes jurées* sans apprentissage, chef-d'œuvre, expérience, ni enquête de capacité. Il était permis aux jurés de les recevoir en faisant payer aux aspirants de forts droits de réception, selon la finance réglée au Conseil pour la réunion de ces charges ou offices. Peu de communautés se dispensèrent de cet abus alors nécessaire et que la loi autorisait.

Les évêques de Lisieux avaient aussi reçu le droit, pour leur avénement épiscopal, de faire passer et recevoir deux personnes maîtres de chaque métier en leur ville et banlieue : en conséquence, ils mandaient, par lettres adressées à leur bailli vicomtal, qu'après avoir reçu le serment en tel cas requis, il reçût et passât maîtres ceux qu'ils lui indiquaient, pour user desdites maîtrises ainsi que les autres maîtres reçus par chef-d'œuvre, avec le droit d'établir boutique et ouvroir sur rue, même d'assister aux assemblées et visites qui se faisaient au corps de chaque métier, pour entrer en leur ordre à la jurande ainsi que les maîtres reçus par chef-d'œuvre, sans être obligés audit chef-d'œuvre, ni à aucune épreuve ni expérience, ni à payer banquets, festins, ou autres droits accoutumés suivant les statuts.

Louis XIV et la Reine donnèrent aussi une multitude de lettres de maîtrise de ce genre à l'occasion des entrées en France de celle-ci, de leur mariage, de la naissance de leurs enfants, etc.

Elles étaient délivrées sans apprentissage, ni enquête sur la capacité des aspirants, mais seulement sur attestation de leur religion catholique, apostolique et romaine, et de leur probité et bonnes mœurs.

Ainsi le droit de travailler était encore considéré, selon la tradition des anciens temps, comme dépendant absolument du pouvoir royal, et soumis à toutes les exigences nouvelles du fisc, sous prétexte, comme on le disait, d'*honorer* la royauté et de faire participer les sujets du Roi à *ses graces et faveurs*, grandes sans doute, puisqu'elles remplaçaient la capacité par l'argent, et enlevaient la dernière ressource du pauvre, en le privant de travailler pour son compte, s'il ne pouvait acheter sa lettre de maîtrise.

Et ne perdons pas de vue que le Roi disposait à son gré de ces lettres, et s'en servait pour payer les gages de ses valets de chambre, ou autres gens à sinécure, auxquels il les donnait pour en percevoir la finance à leur profit.

Voici en effet ce qui se pratiquait et ce qui se passa à Lisieux en 1672, pour l'exécution de l'édit du mois de mars 1656, portant création de quatre maîtrises en faveur du mariage de la Reine et de ses entrées en France.

Par brevet du 16 mars 1656, le Roi avait donné ces lettres pour les corporations de Lisieux à ses deux premiers valets de chambre. N'en ayant pu faire le placement dans les délais déterminés, parce que personne ne s'était présenté pour les lever, ils obtinrent, à la date du 28 mars 1666, des lettres-patentes de surannation, et les firent enregistrer au parlement de Rouen le 26 mai 1667.

Ensuite ils donnèrent pouvoir au receveur général et payeur des rentes assignées sur les aides et gabelles de France, de vendre et distribuer ces quatre maîtrises.

Et le 22 avril 1672, le sergent royal signifia aux maîtres gardes-jurés du métier de tisserand-drapier à Lisieux, la défense de recevoir aucuns maîtres avant que lesdites quatre lettres eussent été remplies, sous peine de 200 livres d'amende, leur déclarant que le bureau de vente et distribution de ces lettres était établi en la maison du sieur Robert Dauxbourg, demeurant à Saint-Désir de Lisieux.

On conçoit tout ce que ce monopole royal avait de

ruineux et de contraire à la liberté de l'industrie. Aussi très-peu de ces offices étaient levés, ou bien quelques commerçants riches achetant ces lettres pour leurs enfants encore au berceau, les véritables travailleurs n'en trouvaient plus à acheter pour leur propre compte. Enfin les communautés d'arts et métiers, voyant avec peine la perte de leurs droits et de leur liberté d'élection dans leur propre sein, proposèrent et obtinrent, presque toutes, la réunion des offices de maîtres et jurés à leurs corps, comme en étant la dépendance ; mais toutefois il fallait encore payer, pour le recouvrement de ce droit, les taxes réglées par le rôle du Conseil du 10 avril 1691 : en sorte qu'en l'année 1694, presque toutes avaient obtenu des lettres-patentes portant cette réunion et la confirmation du droit d'élire leurs officiers.

Ce qui peut paraître étonnant, c'est que les villes de Flandre, toujours si passionnées pour la liberté, n'imitèrent cet exemple que plus tard, et n'obtinrent l'arrêt du Conseil qui les concernait, que le 24 septembre 1697.

Nous ne dirons que peu de mots sur les maîtrises des teinturiers et des marchands de frocs en gros ; parce qu'elles étaient soumises à des réglements généraux applicables à toute la France, et que l'on peut retrouver partout.

Les édits du mois de mars 1571, du 27 janvier 1737, et spécialement le réglement du mois d'août 1669, art. 44, prescrivaient le mode de réception des maîtres teinturiers. Ce mode différait de celui adopté dans les autres professions, en deux points essentiels, savoir, que l'apprentissage durait sept ans, et que les lettres de maîtrise ne pouvaient jamais être données ni achetées *avec dispense de chef-d'œuvre.*

Les règles de la maîtrise des marchands en gros étaient tracées dans l'édit du mois d'avril 1597, plus aggravant que celui du mois de décembre 1581 qui avait déjà établi des corps de métiers dans tous les lieux du royaume, et assujetti, même les *artisans*, à la maîtrise et jurande.

Cependant les marchands drapiers de Lisieux, pas plus que les marchands en gros de la même ville et banlieue, n'avaient jamais eu de statuts particuliers, quoiqu'ils formassent dans les derniers temps un corps distinct et le plus riche de la manufacture. Leurs maîtres n'étaient pas jurés, et ne pouvaient faire de visites suivies de saisies; c'était aux gardes des fabricants qu'appartenait ce droit. Nous avons déjà dit que le 2 avril 1757 ils présentèrent à l'approbation de l'intendant d'Alençon, sous la qualification de drapiers, merciers, quincailliers, joailliers, des statuts en quinze articles, afin d'obtenir des lettres-patentes d'établissement de leur communauté en corps de jurande et maîtrise.

De vives réclamations s'élevèrent de la part des autres communautés, par le motif que ces statuts dérangeaient la répartition de la taille proportionnelle établie à Lisieux en 1717. On ne sait s'ils furent définitivement sanctionnés de manière à avoir force de loi.

Leur application n'aurait pu, dans ce cas, être que de très-courte durée, car au mois d'août 1779 parut l'édit de création de nouvelles communautés en Normandie, et de suppression de toutes les anciennes.

De nouvelles règles furent établies. La nécessité de se faire admettre à la maîtrise fut maintenue, mais en payant certains droits fixés par les tarifs. La somme à payer par chaque maître de la manufacture de laine de Lisieux, était de 150 livres.

Cet édit conservait aux anciens maîtres, soit reçus après chef-d'œuvre, soit nommés par l'évêque ou par le Roi, le droit de continuer l'exercice de leur profession sans rien payer, pourvu qu'ils en fissent la déclaration ; mais ils demeuraient seulement *agrégés*, et ne pouvaient être admis aux assemblées, ni participer à l'administration des affaires de la communauté. Cependant, s'ils voulaient se faire recevoir maîtres, ils devaient payer le quart du droit dans trois mois, ou la moitié plus tard. Les femmes et les filles étaient admissibles à la maîtrise, mais non aux assemblées ni aux charges. La réception des nouveaux maîtres pouvait avoir lieu après quatre années d'apprentissage, et après l'âge de vingt ans accomplis. Il suffisait aux fils de maîtres d'être âgés de dix-huit ans, et d'avoir travaillé deux ans chez leurs parents. L'aspirant de vingt-cinq ans pouvait être reçu sans apprentissage, après une année de travail chez un maître. Mais pour être reçus, ils devaient les uns et les autres justifier de leur capacité en présence des syndics et adjoints et de trois maîtres tirés au sort, en payant deux livres à chaque examinateur, sauf, en cas de rejet, à subir un nouvel examen devant le juge de police. La capacité étant reconnue, l'aspirant était présenté par un syndic ou adjoint, au juge de police qui le recevait, après s'être assuré de ses bonnes vie et mœurs, sur le témoignage de deux ou trois notables personnes domiciliées, et sur la représentation des quittances des droits de réception et autres. Les syndics enregistraient de suite ces lettres de maîtrise, en inscrivant le nom des nouveaux maîtres sur un tableau. Les maîtres et agrégés ne pouvaient louer leur maîtrise, ni prêter leur nom à d'autres, sous peine d'être privés du droit d'exercer leur commerce ou profession, et de payer même des dommages et intérêts et une amende à la communauté.

Telles ont été, à diverses époques, les principales dispositions des statuts et des édits sur les maîtrises. Les particularités qui s'y rencontrent ne pourraient trouver place que dans un traité complet sur les corporations industrielles.

§. III. *Jurande.*

La jurande était une charge ou office de juré donnée, à l'élection, à un certain nombre de maîtres d'un métier pour indiquer les assemblées de la communauté, y présider, recueillir les voix, dresser les délibérations ; recevoir les apprentis, être présent à leur chef-d'œuvre pour la maîtrise après le leur avoir donné, et les recevoir maîtres ; faire les visites, afin de saisir les ouvrages défectueux ; recevoir les deniers du corps ; empêcher les entreprises sur le métier, et en faire exécuter les réglements et statuts.

Les maîtres qui étaient pourvus de cette fonction, s'appelaient *gardes-jurés* ou *maîtres et gardes*, ou *prévôts-syndics et gardes*, ou, comme à Arras et ailleurs, *majeur* ou *maire et échevins* du métier (1).

Les maîtres non jurés s'appelaient dans quelques communautés, comme dans celle des boulangers de Paris, *bacheliers du métier* (2).

---

(1) Ordonnances des Rois de France, t. 5, p. 508. Statuts des boulangers d'Arras.

(2) Ordonnances *id.*, t. 4, p. 709.

Suivant les statuts de 1482, il y avait quatre gardes-jurés établis dans la manufacture de Lisieux. Ils étaient élus par les maîtres du métier, chaque année, à la fête Saint-Martin d'hiver. (Art. 5.)

Leurs principales fonctions consistaient à faire des visites, une fois par semaine, dans tous les *ouvroirs* du métier de la ville et banlieue, ainsi qu'à chaque jour de foire tenant en la ville, afin de découvrir les fautes commises dans la fabrication, et de les dénoncer à la justice, chargée de prononcer les condamnations à l'amende ou autres peines, selon les cas.

Avant de livrer leurs marchandises, et même après les avoir vendues, les maîtres-fabricants étaient tenus de les porter aux gardes pour être visitées. Alors ceux-ci les *signaient, en signe d'approbation, d'un signet* dont ils avaient la garde, afin qu'elles fussent ensuite scellées du sceau de plomb de la ville. Celui qui négligeait de présenter ses marchandises à cette visite, était passible de 5 sols d'amende. (Art. 6.)

Les maîtres et ouvriers de dehors la ville devaient également, sous peine de 20 sols, montrer les draps qu'ils entraient en ville aux gardes-jurés, afin que ceux-ci y apposassent une contre-marque. (Art. 28.)

La concurrence qui s'était ensuite établie entre les draps et les serges, fit insérer dans les statuts de 1510 une nouvelle disposition portant que les quatre gardes élus seraient à l'avenir deux tisserands et deux sergers, pour faire ensemble les visites, ou au moins deux à-la-fois. Il leur fut enjoint de prêter serment en justice de bien et loyalement exercer leurs commissions; et, afin d'entourer ces deux branches d'industrie de plus de garantie, il fut ajouté que l'un des quatre gardes serait élu à la discrétion de justice. (Art. 1.ᵉʳ)

Il paraît que les abus se renouvelant, il fallut étendre les mesures de surveillance ; car on alla jusqu'à conférer aux maîtres le droit de saisir les draps apportés en ville, pour les remettre aux mains des jurés et les soumettre à leur visite. Une condamnation à 10 sols d'amende fut même établie contre ceux qui, ayant découvert la faute, ne l'auraient pas annoncée à justice. (Art. 10.)

Plus tard, il était devenu nécessaire de multiplier les visites. Les statuts de 1652 exigèrent qu'elles fussent faites les lundi et vendredi de chaque semaine, sous peine de 20 sols d'amende au profit de la confrérie ; que 26 d. fussent payés, pour droit de visite, par les maîtres et ouvriers, aux trois termes de l'an accoutumés ; et que, lors du renouvellement annuel des quatre gardes, l'un des anciens fût renouvelé par justice. (Art. 1.ᵉʳ)

Il fut ajouté par l'article suivant, que ceux des travaillants qui ne souffriraient pas les visites ou ne feraient pas bonne œuvre, seraient punis d'une amende arbitraire, dont le tiers attribué au dénonciateur et le surplus à l'évêque, et même de peines plus considérables, selon la gravité des fautes.

Comme on s'était aperçu des malversations des gardes foulonniers et mégissiers, l'article 11 autorisa les gardes-fabricants du métier de tisserand à assister ceux-ci dans leurs visites, les jours de foires et marchés et autres jours de la semaine, afin d'examiner les laines avant leur exposition en vente.

Ayant déjà rappelé, au commencement de cet article les principales fonctions des gardes-jurés, nous n'entrerons point à cet égard dans d'autres détails.

On peut consulter, sur leurs droits et prérogatives générales, les principaux édits de 1581, 1588 et 1597, portant établissement des maîtrises et jurandes. Ces édits et ceux du mois de mars 1673 servirent de règle aux corporations jusqu'en 1776.

Cependant, lorsque, sous Louis XIV, le despotisme anti-communal et la fiscalité eurent prévalu jusque sur la liberté d'élection dans les communautés, un édit rendu au mois de mars 1691 supprima tous les maîtres et gardes, syndics et jurés *d'élection*, et créa en même temps, pour les remplacer, autant de maîtres et gardes, syndics et jurés, *en titre d'office*, par tout le royaume, avec les mêmes immunités, honneurs et priviléges, mais avec augmentation de droits et d'émoluments.

Pour acquérir ces offices, il fallait avoir dix ans de maîtrise, et les fils de maîtres six ans, dans les principales villes, et dans les autres six et quatre; et, afin de faire valoir cette nouvelle création, les anciens maîtres furent en partie dépouillés de leurs priviléges qui passèrent aux nouveaux, de telle sorte qu'afin de pouvoir continuer l'exercice de son industrie, il fallait presque nécessairement s'affilier à la nouvelle maîtrise, et en payer la finance dans certains délais, sous peine de déchéance.

Comme on le voit, la jurande perdit dès-lors son caractère primitif de charge élective et d'indépendance en passant par des mains vénales, et les corporations ne purent plus se gouverner que de par le Roi.

Mais la nécessité apparente d'opérer des améliorations devait bientôt, en cédant aux exigences du fisc, faire porter le mal à son comble. Le trésor public étant obéré par les longues guerres de ce temps, il fallait trouver moyen de battre monnaie. Ce fut le ministre Colbert qui imagina de créer dans les corporations elles-mêmes une multitude d'offices inutiles, honorifiques en apparence, mais en réalité purement onéreux, puisque les communautés étaient obligées de racheter ces offices au moyen d'emprunts autorisés, et dont elles payaient les intérêts avec le produit des gages ou des droits qui leur avaient été aliénés.

Ainsi furent créées les charges de barbiers-perruquiers, de maîtres-gardes et gourmets de bière en Flandre, Hainaut et Artois, de conseillers du Roi langueyeurs de porcs, de vendeurs d'huîtres à la suite de la Cour, de contrôleurs de plâtre, de peseurs de foin, mesureurs de blé, *auneurs-visiteurs de draps*, conseillers-contrôleurs du Roi aux empilements de bois, etc., etc.

Ces offices bisarres, et dont le nombre pouvait être évalué à quarante-six mille, faisaient dire au chancelier de Pontchartrain, qu'à chaque création d'une charge inutile, il se trouvait toujours un sot pour l'acheter.

Aussi presque toutes ces charges, dont les distributions continuèrent jusqu'à l'avénement de Louis XV en 1713, étaient-elles réunies et incorporées, presque aussitôt après leur création, aux corps et communautés pour lesquels elles avaient été établies.

Les attributions des gardes-jurés furent diversement réglées par des édits et arrêts successifs. Ainsi il fut dit, par arrêt du Conseil de 1762, que les étoffes de laine apportées des campagnes en ville seraient visitées par les gardes-jurés *des marchands*, et non par *ceux des fabricants*. Il fut fait défense, par arrêt du parlement de Rouen de 1766, aux gardes de faire aucun procès sans délibération de la communauté et l'avis écrit de deux avocats de la Cour ou du bailliage royal, y exerçant depuis dix ans. Ce dernier arrêt ajouta que les communautés ne seraient réputées telles que lorsqu'elles seraient autorisées et érigées en jurande par lettres-patentes.

Au reste, cette jurisprudence avait déjà été établie par un arrêt du Conseil portant défense aux fabricants de Cormeille et du Torquesne (bourg et commune voisins de Lisieux) de continuer de fabriquer des étoffes de laine, vu qu'ils n'étaient point constitués en corps de manufacture et jurande. Deux sentences de l'Hôtel-de-Ville de Lisieux, des 30 octobre et 9 novembre 1753, furent en conséquence cassées, comme ayant accueilli le soutien contraire.

Comme on le sait, les communautés d'arts et métiers n'avaient pas toujours usé sagement de leur liberté : de graves abus, des privilèges exorbitants, des rivalités ruineuses s'étaient introduits dans ces corps ; elles furent supprimées, sous le ministère Turgot, par édit du mois de février 1776, et la liberté du commerce fut proclamée. Les jurandes disparurent donc avec les maîtrises ; mais en abandonnant les sages projets de réforme de cet administrateur habile, il en fut rétabli de nouvelles par toute la France. Celles de Normandie le furent au mois d'avril 1779. Alors le système général des jurandes fut presque entièrement maintenu, quoique sous des noms différents et avec quelques améliorations.

Les gardes-jurés furent en effet remplacés (art. 13) par deux syndics et deux adjoints, élus par la communauté en présence du juge de police. La première fois seulement ils étaient nommés directement par ce juge. Leurs fonctions consistaient à recevoir et employer les deniers communs, et à faire observer les statuts, sans toutefois pouvoir soutenir aucun procès, excepté avec l'autorisation de la communauté. Leurs comptes devaient être rendus, à la fin de chaque année, en présence de tous et du procureur en la police, en communauté générale. Dans cette même assemblée, les communautés composées de plus de vingt-cinq membres désignaient vingt-cinq d'entre eux sous le nom de *députés*, lesquels étaient chargés ensuite de nommer leurs syndics et adjoints et de gérer les affaires du corps. Chaque année ces députés se renouvelaient par tiers. Les syndics et adjoints présidaient les assemblées générales; elles étaient convoquées avec permission du juge de police et des députés de la communauté.

Ces syndics et adjoints étaient tenus de faire quatre visites par an, et de citer devant la communauté ceux qui contrevenaient pour la première fois aux réglements; mais, en cas de récidive, ils en dressaient procès-verbal, et le procureur du Roi poursuivait d'office si la contravention intéressait l'ordre public : au cas contraire, les poursuites étaient faites par ces syndics.

Afin d'effacer toutes traces des anciennes communautés, ces lettres-patentes ordonnèrent la vente par adjudication de leurs effets pour payer leurs dettes, éteindre leurs procès et supprimer leurs confréries. Et comme les seigneurs hauts-justiciers, l'évêque de Lisieux, par exemple, avaient eu le droit d'accorder des priviléges d'arts et métiers dans les faubourgs et banlieues de certaines villes, il fut dit que tous les maîtres reçus par eux seraient admis sans apprentissage ni chef-d'œuvre, mais que ces seigneurs présenteraient dans trois mois leurs titres et mémoires au Conseil, pour être par le Roi pourvu à la confirmation de leurs droits, ou à leur indemnité. Néanmoins il leur fut permis de continuer provisoirement de jouir de leurs priviléges.

Ainsi s'améliorait peu-à-peu le régime des communautés, par l'intervention de l'autorité judiciaire dans leur administration intérieure, et par la perte même de quelques-unes des libertés dont elles avaient abusé.

La nécessité des réformes se faisait même tellement sentir de toutes parts, que, de son côté, l'autorité ecclésiastique de Lisieux avait aussi rendu des ordonnances de réglement pour la police des confréries religieuses ou de charité établies dans chaque métier. Mais il en sera parlé plus tard.

CHAPITRE IV.

FABRICATION ET APPRÊTS.

§. I.er *Lainage* (1) *et Filage.*

La qualité des laines étant d'une grande importance pour la bonne fabrication des étoffes, tous les réglements faits pour la manufacture de Lisieux s'occupèrent successivement de prescrire des mesures propres à prévenir le mauvais emploi de ces matières premières.

---

(1) Dictionnaire de Furetière.... « qui consiste en laines.—trafic de lainages, etc. »

Aussi fut-il d'abord défendu d'employer dans les draps destinés à porter l'approbation du signe et du sceau, aucunes laines défendues, telles que laines de *fosses-grates* sur tontures (1), *bourres*, *pesnes*, *pignons*, *écurures de cardons* (2), et autres semblables, sur peine de les ardre et de 60 sols d'amende (3). (Statuts de 1482, art. 18.)

Un autre article étendait aux marchands vendant laine ou *aignelons* en la ville de Lisieux, la défense d'exposer leur denrée, si elle n'était aussi bonne dedans que dehors, et n'était sans aucune *fourrure*, sur peine de 20 s. d'amende. (Art. 21.)

L'*étaim* et la *trayme* (4) filés devaient également, pour être mis en vente, être aussi bons dedans les *étayaux* que dehors, sur peine de 5 sols d'amende. (Art. 23.)

Il était en effet défendu, sous la même peine, aux fileuses au rouet de *fourrer* leurs laines, c'est-à-dire de les filer moins bien dedans que dehors, ni de changer et rechanger les laines qui leur étaient données à filer, ni d'y mettre aucunes *déceptions*. (Art. 30.)

C'était au bout de la halle au blé, et depuis huit heures du matin, le samedi, jour de marché, que les traymes

---

(1) C'est-à-dire provenant de la tonte des draps.

(2) Chardons dont les cardes étaient formées.

(3) Un arrêt du Conseil du 4 février 1716, rapporté dans le *Recueil des manufactures*, t. 2, p. 480, qualifia encore de mauvaises laines les *plures*, *plis d'agnelin*, *bourres*, mauvais *pignons* et *morines* (ou laines tondues après la mort de l'animal), etc.

(4) Trême ou trame. Filer des traymes, c'est filer de la laine fine sur des *fuseaux*. Les *étayaux* ont sans doute la même signification.

à filer au rouet devaient, sous peine de 10 sols, être baillées aux fileuses. (Art. 29.)

Malgré ces prohibitions, les abus s'introduisirent, et, sur les plaintes de plusieurs maîtres et ouvriers, le lieutenant général du sous-sénéchal de Lisieux octroya plusieurs articles modificatifs, dont le troisième, rappelant les prohibitions antérieures, éleva l'amende de 5 s. à 60 s. (Statuts du 29 septembre 1490.)

Puis les mauvaises laines ayant été employées à faire des étoffes pour *doublures*, il fut défendu de s'en servir à l'avenir, même pour ces sortes d'étoffes. (Statuts du 22 août 1523.)

On porta même l'attention, vers le milieu du 17.ᵉ siècle, jusqu'à permettre aux gardes de la draperie, aux jours des foires et marchés, d'assister les gardes du métier de foulon et de mégissier, et même les autres jours de la semaine, avant l'heure de la vente, afin de visiter les laines, et d'éviter les malversations que ces gardes foulonniers et mégissiers étaient, à ce qu'il paraît, dans l'habitude de commettre. (Statuts de 1652, art. 11.)

Après ces réglements particuliers et locaux, vint l'édit général du mois d'août qui ordonna, sous peine de 100 liv., que les laines destinées aux manufactures seraient visitées par les gardes et jurés en charge avant d'être exposées en vente ; il défendit de les mouiller, ni mettre en lieu humide, ni de mêler celles de différentes qualités, attendu que les unes se foulant moins que les autres, ce mélange rendait le drap creux et imparfait à la fabrication.

Quant aux rapports entre les maîtres et les ouvriers, des contestations pouvaient naître entre eux au sujet du salaire de ceux-ci, qui se réglait, selon l'usage, sur le poids dont chaque maître faisait emploi pour peser les laines ouvragées. Aussi les gardes s'assemblèrent le 5 octobre 1750, et arrêtèrent, au nom de la communauté, qu'il serait présenté à l'approbation de la justice deux poids de fer pour servir d'échantillon-matrice. Ils étaient de forme longue, ayant un anneau au haut et une fleur-de-lis au bas. L'un d'eux pesait cinq onces, et l'autre une once. Après que l'intendant eut rendu son ordonnance d'approbation, et sur l'avis de l'inspecteur, acte fut donné du dépôt de l'un de ces poids au greffe de l'Hôtel-de-Ville, pour servir d'étalon. Homologation de la délibération fut accordée en présence du roi des gardes et de huit maîtres de la communauté, auxquels il fut remis, pour être délivrés aux autres maîtres, soixante-quatre poids de cinq onces et quatre-vingt-dix d'une once, reconnus conformes à l'étalon.

Cette sentence de l'Hôtel-de-Ville, à la date du 5 février 1751, prononçait de plus 10 livres d'amende contre les contrevenants qui se serviraient d'autres poids.

Originairement il existait un *droit d'octroi* (1) considérable sur les laines introduites à Lisieux pour y être vendues.

Beaucoup de forts marchands de laine de la ville avaient des magasins et payaient le droit de 3 deniers pour franc, selon le tarif de 1636, soit d'après les déclarations de vente, soit à *l'abonnement*.

---

(1) L'octroi fut définitivement établi à Lisieux par lettres-patentes de 1636, confirmatives d'autres chartes obtenues par la ville pendant une succession de plusieurs siècles. Il était de 3 deniers par franc sur diverses marchandises, plus un demi-doublement de ce droit, ce qui faisait un peu plus du 51.ᵉ de la valeur de la chose.

Il y avait à Lisieux une halle aux laines souvent trop petite, avec un poids du roi établi pour son service, au bout de la rue des Boucheries. Elle était approvisionnée par les marchands du dehors, qui payaient alors le droit d'octroi. A ce moyen, les fabricants de frocs de la ville achetant leurs laines à la halle ou dans les magasins, ne payaient aucun droit.

Les laines entrant en ville comme destinées à la fabrication, ne payaient également aucun droit d'octroi.

Mais, à la faveur de ce privilége, la fraude survint. Les fabricants, non contents d'acheter dans les campagnes les laines nécessaires à leur fabrication et de les faire entrer en franchise, en introduisaient ainsi pour revendre à leurs confrères, soutenant que c'était à prix coûtant.

Cette fraude fut réprimée ; mais elle fut remplacée par une autre, consistant en ce que les fabricants achetant pour leur compte apparent, et revendant publiquement à de petits fabricants, se faisaient en réalité les entreposeurs des marchands forains, et leur évitaient à ce moyen de payer l'octroi de la halle.

Les marchands de laine ayant demandé la cessation de cet abus, il devint nécessaire, en 1785, d'imposer un droit, perçu à l'entrée, indistinctement sur toutes les laines destinées ou non à être fabriquées. Ce droit fut fixé à deux tiers de denier par livre de poids valant de 30 à 35 sols, ce qui diminua le droit des sept neuvièmes au moins.

Les fabricants firent de vives réclamations, soutenant que leur fabrique occupait seule les deux tiers des habitants de la ville, et présentant comme inconvénients que les bonnes et les mauvaises laines seraient mélangées ; qu'il serait difficile de les peser exactement lorsqu'elles seraient mouillées ; que celles des parties basses du mouton, dites *loquet*, paieraient comme les bonnes ; et qu'enfin les perceptions seraient difficiles ou multipliées. En effet, les laines étant renvoyées pour être filées à la campagne, après leur entrée, leur lavage et nettoyage en ville, les frocs ressortaient ensuite de la ville pour être foulés, puis étaient renvoyés à Rouen ou à Bernay pour y recevoir telle espèce de teinture ou de frisure particulière, avant d'être expédiés définitivement et mis dans le commerce. Le droit devait donc être difficile à asseoir au milieu de ce mouvement industriel.

Néanmoins le tarif fut adopté.

De nouvelles difficultés survinrent en 1787, entre les fabricants de frocs et les *pelletiers* de la ville, au sujet de l'usage qui se pratiquait et devenait le luxe des campagnes de la Normandie et des provinces voisines, de mettre des morceaux de peaux de mouton, appelées *pelettes*, sur les sabots.

D'anciens réglements avaient limité le temps durant lequel on pouvait employer les peaux d'agneau et de mouton non tondu à faire des pelettes, ce qui n'avait lieu que depuis Pâques jusqu'à la Saint-Michel pour les peaux d'agneau, et depuis le mois de juillet jusqu'au mois de septembre pour celles de mouton ; encore n'y employait-on que les mauvaises, appelées *gergeuses*, et de couleur grise, brune ou noire. Mais l'usage des pelettes étant devenu général, les mégissiers et marchands de pelettes de Lisieux en firent des envois considérables jusque dans les provinces voisines. Alors les fabricants s'en plaignirent à l'intendant, prétendant que cette nouvelle industrie occasionait la disette des laines dans la fabrique de frocs, et diminuait surtout celles de meilleure qualité, ordinairement employées à la tissure des étoffes.

La liberté du commerce commençant à prévaloir, ces réclamations, qui ne tendaient à rien moins qu'à provoquer un arrêt du Conseil prohibitif des pelettes de peaux de mouton dans tout le royaume, demeurèrent sans résultat.

Les ouvriers employés à la préparation des laines et aux apprêts des étoffes, occupaient à Lisieux les trois rues des Coutures, quartier réuni à la ville, et enserré dans ses murs vers le 14.e et le 15.e siècle.

Quelques-uns de ces ouvriers étaient connus sous le nom de *Purins*, qualification que, dans les derniers temps, les industriels qui voulaient se donner quelque supériorité, appliquaient avec dédain, même dans leurs mémoires sur procès, à certains de leurs adversaires. Nulle part, peut-être, on ne voyait l'esprit de corps porter plus loin ses prétentions de supériorité réciproque, que dans les communautés d'arts et métiers.

Le voisinage d'une rivière et d'un petit canal de dérivation, dit des Tanneurs, avait sans doute attiré les apprêteurs dans cette partie de la ville, que le commerce de tannerie très-déchu laissait en grande partie libre. Depuis le coin Hectière jusqu'au bout de la rue Grande-Couture, il demeurait, en effet, soixante fabricants environ, occupant plus de six cents ouvriers par jour à l'époque de 1787, tandis qu'il n'y restait que sept ou huit tanneurs, dont cinq seulement faisaient fabriquer, et n'employaient en tout que dix ouvriers.

Ces tanneurs se plaignirent cependant de l'usage que faisaient les fabricants de frocs de leur rivière, et prétendirent empêcher le lavage de leurs laines, comme nuisible et insalubre ; mais il fut démontré que le travail des purins ne pouvant commencer qu'à dix heures et demie du matin et ne finir qu'à sept du soir, et les laines lavées devant être portées de suite au séchoir, il était impossible de limiter ces travaux à certains jours ; que d'ailleurs un petit nombre d'ouvriers étant propre à ce travail, et suffisant à peine à cause de la disposition des lieux, même en se succédant pour le compte de chacun, on ne saurait qu'en faire dans les jours de chômage, et l'on ne pouvait les interrompre sans causer un grand dommage à la fabrique. Quant à l'insalubrité, il fut aussi reconnu que le lavage des laines ne pouvait nuire, parce qu'il se faisait dans des cuves dont on retirait soigneusement la première vidange, pour s'en servir ensuite à dégraisser les étoffes de laine et même de soie, fil ou coton, sans en altérer la couleur. Le produit d'un second lavage était également conservé, et c'était seulement ensuite que la laine était nettoyée à pleine eau dans la rivière, en y plongeant les panniers qui la contenaient ; opération qui était sans nul inconvénient pour les autres industries établies sur la rivière.

Les fabricants restèrent donc en possession du canal des Tanneurs.

§. II. *Tissage.*

Il ne s'est jamais fabriqué à Lisieux que des étoffes de *toute laine*, sans mélange de fil, soie, coton ou autres matières.

Les premiers statuts recommandaient, quoique sans injonction pénale, de faire bonne œuvre, loyale et marchande. (1482, art. 1.er)

Les draps faits de laines défendues, telles que pesnes, pignons, bourres et draps de deux traymes (1), ne pouvaient être exposés en vente à la halle, mais seulement au lieu où se vendait *la peuferie*, sur un étal de la hauteur d'un pied de terre, sur peine de 40 sols. (1482, art. 22.)

Mais hors les jours de marché, ils pouvaient être vendus, trochés ou échangés dans les maisons, *les dubs et debvoirs de ce dubs*, ainsi qu'il était dit ailleurs. (1482, art. 26.)

Ces mêmes réglements défendaient à toute personne de la ville ou banlieue de faire mettre aucun signe, sceau, ni approbation aux draps à deux traymes. Ces draps ne pouvaient avoir qu'une seule lisière.

La tolérance accordée à cette fabrication défectueuse ne fut pas de longue durée, et dès l'année 1490 il y fut substitué défense absolue de faire aucune espèce de draps à deux traymes, tant dans la ville que la banlieue, sur peine d'être brûlés comme forfaits et de 60 sols d'amende.

La recommandation de faire bon et loyal ouvrage ne fut pendant long-temps que comminatoire; mais on reconnut en 1510 la nécessité de la sanctionner par une peine d'amende arbitraire et autre punition, selon la gravité des fautes. (Art. 2.)

Chaque faute fut ainsi taxée par une des dispositions du statut : pour chaque *ronche* trouvée dans une serge, 12 deniers d'amende; et dans les serges ou draps, pour un *faux quartier*, 12 deniers; pour un *giste* ou *grappe*,

---

(1) Dont la trame était composée de différentes laines.

5 sols; pour un *rosier* ou *fil faillant* passant demi-aune, 12 deniers; enfin, pour un *mespas*, également 12 deniers. (Art. 7.)

Sans doute cette pénalité dut être insuffisante pour arrêter les désordres de la mauvaise fabrication; car on voit qu'en 1652 il fallut rétablir, pour le refus de visite fait aux gardes et pour la mauvaise œuvre, l'amende arbitraire et d'autres peines plus graves. Le tiers de cette amende fut même attribué au dénonciateur, et les deux autres tiers à l'évêque. (Statuts de 1652, art. 2.) Cela n'empêcha pas la remise en vigueur des amendes précédentes pour les fautes partielles, telles que *ronches*, *faux quartiers*, gistes, rots vides ou fil faillant, au nombre de douze par pièce, et mespas. Il fut ajouté une amende de 5 sols pour chaque *fausse entreture*. (Art. 3.)

Plus tard, il fut enjoint à tous les drapiers-drapants et sergers de faire les lisières de même longueur que l'étoffe, afin de les rendre plus aisées à tondre; et de les faire assez fortes pour empêcher l'étoffe de se déchirer en la mettant à sécher. (Edit de 1669, art. 13.)

Toutes les étoffes durent, sous peine de confiscation et d'amende, être aussi fortes, aussi bonnes et aussi grosses en toute la longueur et largeur de la pièce. (*Id.*, art. 32.)

L'étoffe défectueuse était saisie et confisquée. (Art. 39.)

Et ces peines n'ayant pas paru assez sévères, il fut ordonné, par réglement du 24 décembre 1670, que ces étoffes défectueuses seraient exposées sur un poteau de neuf pieds de hauteur, avec un écriteau portant le nom du fabricant. En cas de récidive, il y avait lieu à peine infamante.

Il était aussi d'usage, et en même temps prescrit par les réglements ultérieurs, que dans certains cas de fraude, les lisières des draps seraient enlevées par ordre de justice, ou les pièces elles-mêmes coupées par morceaux, pour indiquer aux acheteurs que ces étoffes avaient été trouvées de mauvaise qualité.

§. III. *Largeur et longueur.*

Les dimensions des étoffes fabriquées furent toujours l'objet d'une attention spéciale de la part de ceux qui s'occupaient de donner des règles aux fabricants ; aucun moyen ne pouvait être employé plus efficacement pour prévenir les fraudes et les malversations.

Au 15.e siècle, il était défendu, sous peine de 20 sols, de faire à Lisieux aucun drap à moins de dix-huit cens (1). (Art. 2 des statuts de 1482.)

Les longueurs pouvaient se faire à volonté ; mais si le fabricant était obligé de terminer des draps avec d'autre laine, celle qu'il employait alors devait être bonne et loyale, et séparée par une raie levée tout à travers du drap, sous peine de 10 sols d'amende. (Art. 25.)

La largeur dont il vient d'être parlé fut maintenue en 1510 aux draps tissés dessus étaim, et portant deux

---

(1) Cette manière de compter se trouve employée, sans plus d'explication, dans les statuts des tisserands de Paris, du 13.e siècle, recueillis par Etienne Boileau, et publiés par Depping en 1837, p. 118. Il faut sans doute entendre par-là dix-huit cents fils, ou dix-huit portées à cent fils ; ce qui suppose une largeur d'une demi-aune à deux tiers. Plus tard on calcula par portée de quarante fils.

lisières, comme drap loyal, sur peine de 15 s. (Statuts de 1510, art. 4.)

Il fut également défendu aux *sargers* de faire aucunes *sarges* à moindre compte (ou largeur) que dix-huit cens, marquées de trois raies de fil de coton à chaque bout. Les moyennes serges, du compte de vingt-un cens, devaient porter ces raies par trois et deux; et les grandes du compte de vingt-quatre cens, par trois et quatre, sur peine de 5 sous par chaque pièce; etc. (*Id.*, art. 5.)

La largeur des étoffes *pour doublures* fut ensuite fixée, en 1523, à trente *portées*, afin qu'elles pussent être bien foulées et avoir laize de trois quarts d'aune au moins, sur peine de 60 sols d'amende (Ordonnance du sous-sénéchal de Lisieux, du 22 août 1523.)

Et enfin, après maintes requêtes présentées à justice par les gardes du métier; après diverses sentences, réglements provisoires, et essais faits chez les foulons sur les largeurs que conservaient, après avoir été foulées, les *revesches*, *felins* et *frises*, étoffes nouvellement fabriquées à Lisieux, il fut fait, le 15 mai 1597, un réglement général sur la largeur de ces étoffes, devant le bailli vicomtal de la ville, à l'instance du procureur fiscal, en présence des quatre gardes-jurés et de plusieurs maîtres du métier de drapier-tondeur-foulon, des gardes du métier de tisserand (1), des lieutenant général et avocat fiscal audit bailliage, et des avocats exerçant près de cette juridiction.

(1) La corporation des tisserands comprenait les fabricants de toutes les espèces d'étoffes de laines confectionnées dans la manufacture de Lisieux et des environs.

Le rapport ayant été fait de cette affaire par l'un desdits avocats, qui reçut trois écus de taxe payés par les gardes-tisserands, le bailli ordonna que par les façonniers des métiers de tisserand et foulon, il serait mis à l'avenir dix-neuf et vingt portées de vingt-quatre fils chacune à la manufacture des *frises*, pour être rendues par le foulon larges de demi-aune moins deux doigts ; aux *felins* vingt-six à vingt-sept portées, pour avoir, au retour du foulon, une demi-aune un pouce de large ; aux autres *frises*, autrement apprêtées, trente-sept portées, pour être rendues par le foulon larges d'une demi-aune, ou quatre doigts moins de lèze ; aux *revesches croisées*, quarante ou quarante-deux portées, pour avoir une demi-aune, suivant l'édit du Roi.

Les contraventions à ce réglement étaient punies de confiscation et d'amende arbitraire, avec défense, sous les mêmes peines, aux marchands d'acheter, aux foulons et tondeurs de fouler ni tondre les étoffes qui n'auraient pas ce nombre de portées, ou qui ne seraient pas sèches.

On a vu que depuis 1482 la division avait continué d'exister entre les fabricants de draps et de serges ; mais en 1652 elle cessa, et l'on reconnut la nécessité de permettre aux maîtres et ouvriers tisserands-drapiers de fabriquer toutes espèces de draperies et d'étoffes que bon leur semblerait, telles que *felins*, *frocs*, *revesches croisées* ou *communes*, etc. ; et l'on fixa leurs largeurs ainsi qu'il suit, sous peine de 20 sols d'amende pour la première fois, et de plus grande peine en cas de récidive ; savoir : les *felins*, au compte de dix-huit portées à douze bonines ; les *frises*, à quatorze portées de douze bobines ; les *revesches croisées*, à dix-huit portées de douze bobines ;

les *communes* au même compte ; les *frocs*, à vingt-huit portées, ourdis à quatorze bobines pour le moins, ou à vingt-quatre portées, ourdies à seize. Chacune de ces étoffes devait avoir deux lisières. (Statuts de 1652, art. 3.)

Des réglements généraux du mois d'août 1669 ayant eu pour but principal de déterminer les longueurs, largeurs et qualités des étoffes de laine pour tout le royaume, établirent que les *frocs* fabriqués à Lisieux et à Bernay auraient demi-aune de large étant foulés, et vingt-quatre à vingt-cinq aunes de longueur. (Art. 23.)

Les *serges* de Crèvecœur, Blicourt et lieux circonvoisins, tant blanches que grises, devaient avoir demi-aune demi-quart de large, et trente-huit à quarante aunes de long.

Lorsque les étoffes étaient exposées en vente sans avoir les largeurs voulues, les lisières en étaient déchirées publiquement. (Art. 39.)

Le progrès de l'industrie ayant fait augmenter les largeurs, il fut rendu, le 4 février 1716, un arrêt du Conseil pour les régler (1). Cet arrêt, spécial à la généralité d'Alençon, déclara qu'il ne serait fabriqué à Lisieux, Bernay, Tordouet et Fervaques, que deux espèces de frocs, les *forts* et les *faibles*, ayant trente portées de trente-deux fils ou neuf cent soixante fils. Le nombre des portées des étoffes pour doublures était aussi fixé à vingt-six portées de trente-deux fils ou huit cent trente-deux fils. Les largeurs furent maintenues d'une demi-aune.

Un autre réglement, aussi pour la généralité d'Alençon,

---

(1) Recueil des réglements concernant les manufactures, t. 2., p. 480.

fait le 16 juillet 1737, y apporta quelques modifications, et, le 3 février 1756, un arrêt du Conseil d'Etat, interprétatif de l'article 13 de ce réglement, permit aux fabricants de Lisieux, Tordouet et Fervaques, de fabriquer des frocs depuis vingt-deux jusqu'à vingt-huit portées.

De l'aveu de tous les gardes de la communauté, c'est de ces changements dans les largeurs que date la grande prospérité du commerce de frocs de Lisieux, à tel point que le nombre des maîtres, qui n'était alors que de cinquante-cinq à soixante, s'était élevé en l'année 1759 à cent. Ils faisaient travailler en 1765 trois mille ouvriers environ tant de la ville que de la campagne. Le nombre des maîtres s'éleva en 1779 jusqu'à cent trente à cent trente-cinq; et celui des ouvriers à leur service s'était augmenté dans la même proportion.

Déjà, depuis plusieurs années, les fabricants avaient élevé jusqu'à trente le nombre de portées de ces étoffes. D'après les réglements, ils pouvaient fabriquer sept qualités d'étoffe de vingt-deux à trente portées et de vingt-quatre à vingt-six aunes de longueur, aux prix de 36 à 75 livres la pièce, lorsque, en exécution des nouveaux réglements généraux du 5 mai 1779 et 4 juin 1780, il fut dressé, le 1.er mars 1781, pour la généralité d'Alençon, un état, en forme de lettres-patentes, sur les largeurs des étoffes fabriquées dans l'étendue de ce territoire. Elles portaient que dans les manufactures de Tordouet, Fervaques et Bernay, deux espèces de frocs seraient fabriquées, des forts et des faibles, et qu'on emploierait dans leur fabrication de la laine du pays *peignée* pour la chaîne, et de la laine *cardée* pour la trame.

Les *frocs forts* devaient avoir mille vingt-quatre fils à

la chaîne, donnant trente pouces et demi de largeur entre les lisières, sur le métier, et demi-aune seulement après les apprêts, avec possibilité d'augmentation d'un demi-pouce de longueur par aune, par l'effet de ces apprêts.

La chaîne des *frocs faibles* devait être composée de huit cent quatre-vingt-seize fils, faisant vingt-huit pouces sur le métier, pour avoir demi-aune après les apprêts, et donner un demi-pouce d'augmentation de longueur par aune.

Le même tableau divisait les flanelles ou molletons fabriqués à Lisieux, en cinq qualités, dont il fixait ainsi les largeurs :

La chaîne et la trame étaient de même laine peignée et cardée que celles des frocs. Le nombre des fils de la chaîne devait être, pour la première qualité, de huit cent trente-deux ; pour la deuxième, de huit cents ; pour la troisième, de sept cent soixante-huit ; pour la quatrième, de sept cent trente-deux ; et pour la cinquième, de sept cents. Il en résultait que sur le métier les première et deuxième qualités avaient vingt-huit pouces de largeur ; les troisième et quatrième, vingt-sept pouces ; et la cinquième, vingt-six. Mais toutes ces différences réduisaient ces étoffes, après les apprêts, à une largeur uniforme de demi-aune, et en augmentaient la longueur d'un demi-pouce par aune.

La longueur des frocs forts était de trente aunes sur le métier, pour revenir à vingt-quatre ; celle des frocs faibles de vingt-huit, pour revenir à vingt-deux ; celle des flanelles ou molletons était de trente, pour revenir à vingt-cinq, à la suite des apprêts. (Art. 4 et 5.)

Il résulte de ce qui précède, que le privilége de fabriquer

des étoffes fines était réservé à la ville de Lisieux de préférence aux villages et campagnes de Fervaques, Tordouet et lieux environnants. Une considération de finance en était une des principales causes. La taille proportionnelle, établie à Lisieux par arrêt du Conseil de l'année 1717, avait été en effet établie sur cette base ; et même les dépenses de réception à la maîtrise, dans la manufacture, avaient été arbitrées sur la différence des prix de fabrication dans la ville et dans la campagne.

§. IV. *Foulage.*

Les fabricants de la manufacture de frocs de Lisieux avaient anciennement trois moulins à foulon, dont deux dans les faubourgs d'Orbec et de Saint-Desir, et l'autre dans la banlieue, à une demi-lieue de la ville, en la paroisse de Saint-Hippolyte-du-Bout-des-Prés.

Ce dernier fut supprimé et converti en moulin à friser, vers l'année 1750.

Depuis ce temps, le machiniste à friser s'adressa à l'évêque, aux administrateurs des hôpitaux, du petit séminaire et de la Providence, copropriétaires d'un de ces moulins, situé au faubourg d'Orbec, pour en obtenir la conversion en moulin à friser.

Mais, en conformité du réglement du mois d'août 1669, les fabricants obtinrent la concession de ce moulin, moyennant 450 livres de rente, par bail à rente foncière du 9 janvier 1751, afin de le conserver à usage de foulon, le besoin de leur commerce le leur rendant ainsi indispensable.

Considéré comme communauté de main-morte, le corps des drapiers fut obligé de payer 1,746 livres, plus les accesoires, pour droits d'amortissement de cette fieffe.

Cependant, par l'édit d'établissement des maîtrises en Normandie, du mois d'avril 1779, le Roi étant devenu propriétaire de ce moulin, en fit cession à la communauté, à charge d'une nouvelle rente fieffale. Ainsi la propriété en demeura à la fabrique, sous la condition toutefois de ne pouvoir y faire de réparations sans la permission de l'intendant de la généralité d'Alençon.

Tel était, sous ce rapport, après la réforme des corporations, le mode d'administration de leurs biens.

Il était ordonné, au 15.e siècle, de faire fouler et apprêter toutes espèces de draps de la ville ou de la banlieue à ces moulins, sur peine de 20 sols d'amende. C'était une conséquence de leur banalité. (Statuts de 1482, art. 31.)

La même peine était applicable au maître ou ouvrier qui foulait un drap dont l'envers était du côté du bois. (Art. 33.)

Ils ne pouvaient non plus lever ou faire lever dessus les envers des draps, après qu'ils étaient foulés à fin, sur la même peine. (Art. 34.)

Le temps et les heures du foulage étaient ainsi réglés : on ne pouvait fouler sinon de saint en saint (1), c'est-à-dire depuis le premier son de Matines jusqu'à *Ave, Maria,* sinon trois jours devant Noël, Pâques et la Pentecôte, afin de pouvoir ôter les draps de dehors l'eau pour les fêtes, sous peine de 20 sols. (Art. 8.)

L'obligation imposée en 1482 de faire fouler au moulin *fouleur*, fut remplacée en 1652 par la faculté de faire appareiller les marchandises par les foulons, puis ensuite par les friseurs-tondeurs *de la ville*, et enfin par les teinturiers. (Art. 12.)

---

(1) *Saint* signifiait le son de la cloche.

On ne trouve nulle part de quelles substances les foulons se servaient pour dégraisser les frocs, et s'ils employaient, comme actuellement, la terre à foulon du Prédauge.

Ce qu'il y a de certain c'est qu'un arrêt du Conseil du 22 décembre 1744 défendait de se servir de craie, etc.

D'après les réglements généraux de 1669, il était défendu de tirer, allonger, ni *aramer* (1) aucune pièce de marchandise, de manière à en raccourcir la longueur ou étrécir la largeur, à peine de 100 livres et de confiscation pour la première fois, et de déchéance de la maîtrise, en cas de récidive. (Art. 52.)

Les moulins, métiers, outils et ustensiles servant aux manufactures, avaient le privilége de ne pouvoir être saisis ni vendus en justice, même pour les tailles et impôts du sel, mais seulement pour loyers de maisons. (Art. 55.)

§. V. *Lannage* (2), *Frisage*, *Tondage*.

Ces trois opérations se faisaient presque toujours par les mêmes ouvriers, ayant la maîtrise de *laineur-tondeur*.

Le *lannage* s'opérait anciennement au moyen de chardons, et il était défendu aux marchands de chardons de les vendre ailleurs qu'au lieu accoutumé, ni d'en vendre de mauvais, sur peine d'être *ars* et de 5 sols d'amende. (1482, art. 32.)

---

(1) La rame était un châssis auquel on attachait l'étoffe pour la tirer en tous sens au retour du foulon, afin de la disposer aux derniers apprêts.

(2) Dans les dictionnaires modernes : *lainage*, façon que l'on donne aux draps en les tirant avec les chardons.

Quant au tondage, nul maître ne pouvait *expailler* draps blancs et noirs ni d'autres couleurs ; mais ils devaient être tondus tout à travers, d'envers et endroit, sur peine de 20 sols. (Art. 19.)

Nul maître ne pouvait encore faire tondre de nuit à rabais, mais en pleine heure de jour, pour ce que l'œuvre le requiert, et que c'est le dernier parement de l'œuvre, sur peine de 20 sols. (Art. 20.)

Il paraît que pour l'apprêt du *tondage* les tondeurs se servaient, au 17.e siècle, d'huiles et de graisses ; car l'édit de 1669, et le réglement y annexé sur les teinturiers, leur défendaient, à peine de 150 livres, d'employer aucunes graisses appelées *flambart* pour l'ensimage des draps et serges, mais seulement du saindoux de porc, du plus blanc, attendu que les autres graisses empêchaient les draps de bien recevoir la teinture. (Art. 53 et 31.)

Défenses étaient faites en même temps de se servir de cardes pour coucher lesdits draps et serges, mais seulement de chardons, sur peine de 12 livres d'amende pour chaque contravention.

Plus tard, deux arrêts du Conseil, des 19 juin et 25 septembre 1744, prescrivirent aux inspecteurs des manufactures de visiter les pièces grasses, et firent défense aux tondeurs de graisser les pièces pour y donner leurs apprêts.

Dans le 17.e siècle, l'usage de friser les marchandises s'introduisit à Lisieux, et l'on voit qu'il y existait alors des friseurs-tondeurs. (Statuts de 1652, art. 12.)

L'opération de friser les frocs se faisait autrefois à Lisieux au moyen de machines à bras ; mais cet usage fut remplacé par des moulins vers 1750.

§. VI. *Teinture*.

Il paraît qu'autrefois il était permis à Lisieux de teindre les draps de deux manières, en laine et en pièce ; car le plus ancien statut porte que ceux qui voulaient faire des draps teints en laine, c'est à savoir plus clairs qu'en autres couleurs, pouvaient y mettre un *tour ou deux à traimes filés en adversin*, sans nul contredit. (1482, art. 3.)

Les draps qui devaient porter approbation du signet et du sceau, ne pouvaient être teints *en moulles* (1), soit en laine, soit en pièce, sur peine de les ardre et de 60 sols d'amende. (Art. 4.)

Lorsque les gardes et jurés s'étaient assurés du bon teint des draps, ils les signaient. S'ils faisaient le contraire, ils encouraient 5 sols d'amende, dont moitié à justice et moitié à la frairie. (Art. 28.)

La bonne teinture pour draps et laines dans la ville et banlieue ne pouvait être faite que de *vouède* (2) ou de garance, sous peine de 20 sols. (Art. 36.)

Lorsque ces statuts furent réformés en 1490, il fut défendu à tous teinturiers de teindre en *moulle* aucune espèce de draps, même ceux non signés ni marqués, sous peine de ardre et brûler lesdits draps, de 60 sols d'amende et de privation du métier. (Art. 1.er)

---

(1) C'est-à-dire avec la moulée des taillandiers et émouleurs. C'est la poudre, mêlée de fer et de pierre, qui se trouve sous leur meule.

(2) La guède ou vouède teignait en bleu. C'était une espèce de pastel qui croissait autrefois abondamment en Normandie.

Pour éviter les fraudes nombreuses qui se commettaient, il fut également défendu de mettre en teinture de draps, aucune limaille, compros, ni moulle, sur peine de 100 s. d'amende, à partager entre la justice et les gardes (1).

Les mêmes prohibitions furent reproduites par l'édit du mois de mars 1571, le réglement du mois d'août 1669 art. 5 et 60, et celui du 27 janvier 1737. Ces dispositions réglementaires, en autorisant l'emploi de nouveaux ingrédiens, indiquèrent les moyens de constater le *bon teint* et le *petit teint*, autorisant les gardes-drapiers à faire des visites chez les maîtres teinturiers pour s'assurer de la qualité des ingrédiens, et à faire apposer des plombs de teinture sur les etoffes. (1669, art. 38.)

Par un privilége tout spécial, les maîtres teinturiers pouvaient faire attacher à leurs maisons des perches pour tendre sur rue les étoffes et ouvrages qu'ils avaient teints, lesquelles perches néanmoins ne pouvaient passer la moitié de la rue. Les étoffes qui y étaient étendues ne devaient descendre qu'à trois toises près de terre, suivant l'arrêt du parlement de Paris du 10 mars 1610. (Réglement de 1669 sur les teintures, art. 56.)

A Lisieux, ces perches étaient employées, et le sont encore actuellement, sous le nom de *pentoirs*; mais, au lieu de se trouver placées aux maisons des teinturiers, elles l'ont toujours été à celles des marchands de frocs. Plus riches que leurs apprêteurs, ils ont toujours fait apporter

---

(1) Ces substances, ainsi que plusieurs autres défendues, dégradaient et *empiraient* les étoffes, les endurcissaient, et empêchaient qu'elles n'eussent l'œil et la perfection nécessaires. (Réglement de 1669, art. 6.)

chez eux les frocs pour les tendre et les faire sécher, soit après le foulage, soit après la teinture.

§. VII. *Visite et marque.*

Pour s'assurer que toutes les conditions de fabrication prescrites étaient bien observées, et afin de donner aux acheteurs des garanties visibles d'une bonne fabrication, on exigea que toutes les pièces d'étoffe fussent soumises à diverses marques, tant de *fabrique* que de *visite* et de *contrôle*.

Il y avait encore à Lisieux une autre marque, appelée *plomb de projet*, servant à régler entre les *marchands* la répartition de leur *taille proportionnelle*, eu égard au nombre des pièces d'étoffes achetées par chacun d'eux pour les vendre.

Voici quelques-unes des vicissitudes auxquelles furent soumis ces modes de surveillance.

Originairement, le marchand qui venait d'acheter des draps, ne pouvait en prendre livraison, et personne ne pouvait les faire transporter hors de la ville, avant que le vendeur les eût portés aux gardes pour les visiter; et s'ils étaient bons et loyaux, les gardes étaient tenus de les signer du *signet* dont ils avaient la garde, en signe d'approbation, afin qu'ils fussent ensuite scellés du *sceau* de plomb de la ville, sous peine de 5 sols d'amende. (1482, art. 6.)

Tous maîtres et ouvriers qui *labouraient* de dehors la ville des draps devant être de *trayme* et d'*étaim*, étaient tenus de les montrer aux gardes, sous peine de 20 sols d'amende, afin que ceux-ci y missent un *contre-merc*. (1482, art. 24.)

Les statuts de 1510, particuliers aux maîtres *tisserands* et *sergers*, obligèrent, sous peine de 20 sols, chacun d'eux d'apposer sa marque différente sur chaque pièce d'œuvre. Celui qui contrefaisait la marque d'un autre fabricant, était puni corporellement ou par grosse amende, à l'ordonnance de justice. (Art. 6.)

Si un tisserand venant du dehors était trouvé saisi d'un drap ou serge appartenant à aucun de la ville ou banlieue, ces étoffes pouvaient être saisies par les gardes, ou apportées à ceux-ci par les autres maîtres pour être visitées. En cas de faute, le porteur payait 10 sols; et celui qui découvrait la faute sans l'annoncer à justice, subissait la même peine. (Art. 10.)

Et comme, pour éluder cette défense, les maîtres tisserands, sous prétexte d'éviter les fautes et abus qui se commettaient par leurs *façonniers*, faisaient faire en leurs maisons une grande quantité de marchandises, qu'ils envoyaient ensuite dans les villes du royaume sans avoir été visitées, il fut, sur la réquisition du procureur fiscal, fait défense auxdits marchands d'en faire transporter et vendre, soit en la ville de Lisieux, soit hors de cette ville, sous les mêmes peines, avant de les avoir fait visiter. (Réglement de 1597.)

A ces dispositions l'édit de 1669 substitua l'obligation de faire visiter les étoffes de laine au *retour du foulon*, par les gardes-jurés, pour être par eux marquées du *plomb de fabrique*, ordonnant qu'à cet effet il y aurait dans les villes et bourgs une chambre ou bureau (1) où elles seraient apportées par les fabricants et ouvriers.

---

(1) Le bureau de visite établi à Lisieux était situé rue Couture-du-Milieu, près de la halle.

Indépendamment de ces plombs, le nom des maîtres-ouvriers et façonniers devait être mis sur le chef et premier bout de chaque pièce, fait sur le métier et non à l'aiguille, à peine de 12 livres d'amende. (Art. 51.)

Quant aux *marchandises étrangères* ou venant du dehors, elles devaient être déposées à la halle. Il en était de même de celles qui étaient destinées à être exportées de la ville, et des frocs apportés de Tordouet, Fervaques et lieux environnants.

Le soin de tenir les halles fermées était confié aux gardes-jurés de la draperie et sergerie, ou à leurs préposés, qui tenaient registre de tous les dépôts, et recevaient, pour tout salaire, un sol par pièce. (1669, art. 42.)

Mais la halle de Lisieux appartenant à l'évêque, c'était ordinairement ce prélat qui commettait un courtier pour en ouvrir et fermer les portes, recevoir les marchandises, et auner celles qui y étaient vendues. Et comme il arrivait très-peu de frocs étrangers à Lisieux, les marchands en gros n'avaient pas besoin d'avoir un bureau de visite de *halle foraine*.

Cette ville ne servant point d'entrepôt, ne se trouva point soumise à l'arrêt du Conseil du 5 décembre 1730, qui déterminait les lieux où il y aurait un *bureau de contrôle*. Cependant un bureau de ce nom y subsista (1) depuis 1767 jusqu'au 5 mai 1779, époque où furent sup-

---

(1) Le compte du receveur de ce bureau constate que durant les treize années, il y fut marqué quatre-vingt huit mille cent dix-neuf pièces de frocs, produisant, à 1 sol la pièce, 4,405 liv. 19 sols.

primés les plombs de contrôle, pour se contenter de celui de réglement *ou de liberté*, qui paraissait suffisant. Un arrêt du Conseil d'Etat du 11 août 1776 y avait en effet reconnu l'existence de ce bureau, *en tant que de besoin*, parce que la manufacture de Lisieux ne paraissait pas formellement établie pour faire des marchandises fortes.

La recette du bureau de contrôle se faisait par un préposé et par les gardes des *marchands en gros*, dans le bureau où s'apposait leur *plomb de projet*. Quant à ce dernier plomb, il fut introduit par ces marchands en 1717, lors de l'établissement de la taille proportionnelle pour répartir entre eux les sept cent quatre-vingt-cinq livres environ qu'ils devaient payer, eu égard au nombre de frocs que chacun d'eux achetait à la halle pour les vendre.

L'existence de ce plomb fut un continuel sujet de trouble et de procès entre les *marchands en gros*, qui s'adjoignirent les tondeurs et apprêteurs, et les maîtres-*fabricants*, au sujet des frocs apportés de Tordouet et Fervaques. Les marchands en gros, afin de n'acheter que de bonnes étoffes, prétendaient que leurs gardes seuls devaient faire la visite de ces frocs, y apposer leurs plombs et en percevoir les droits. Les fabricants, de leur côté, élevaient de semblables prétentions. Un grand nombre de sentences de l'Hôtel-de-Ville de Lisieux, d'ordonnances de l'intendant de la généralité d'Alençon, d'arrêts du parlement de Rouen et d'arrêts du Conseil, intervinrent sur ces différents.

Il existait en même temps de nouvelles causes de conflit, provenant de ce que la marque des frocs de Tordouet et Fervaques s'était continuellement faite avec peu d'uniformité. Ainsi, tour-à-tour, il leur avait été défendu et permis d'avoir des gardes; et, comme dans ces localités, où il n'existait ni justices, ni foires, ni marchés, il ne pouvait être établi de bureau de visite; comme d'ailleurs les fabricants ou *froctiers* des campagnes étaient trop éloignés, dans leur cinquante paroisses, pour pouvoir apporter exactement leurs frocs à la visite des gardes ; alors ceux-ci avaient contracté la mauvaise habitude de porter avec eux leurs marques pour les apposer au domicile même des ouvriers ; et enfin ils les avaient abandonnées aux foulons, dans les moulins desquels ils les laissaient à demeure, en les chargeant de les apposer eux-mêmes sur les étoffes.

Il suivait de là que la formalité de la visite était devenue illusoire. On devait avoir à s'en plaindre dans la halle de Lisieux. Aussi, après maintes décisions judiciaires, et deux premiers arrêts du Conseil, du 25 janvier 1770 et de 1771, permettant aux gardes-jurés de Tordouet et de Fervaques d'établir leur bureau de visite dans la halle de Lisieux, il fut rendu, le 20 février 1778, un dernier arrêt du Conseil, qui supprima les fonctions de gardes à Tordouet et Fervaques, et les attribua aux gardes des marchands en gros de la ville de Lisieux.

Nous ne dirons qu'un mot des nouvelles précautions qu'avaient cru devoir prendre les *marchands en gros*, non satisfaits de toutes ces décisions. Une délibération, en forme de réglement, avait été soumise par eux, en 1778, à l'homologation du tribunal des élus de Lisieux. Elle obligeait tous les marchands non domiciliés dans la ville, et qui voudraient y faire apprêter des étoffes, à en faire leur déclaration signée en personne, ou par leurs commis-facteurs ou voituriers non domiciliés, au bureau de la communauté des marchands en gros. A cela se joignait l'obligation de les faire marquer d'un plomb, portant d'un côté le mot *foraine*, et de l'autre *gratis*, avec les marques ordinaires, sous peine de 10 liv. d'amende et de confiscation, solidairement avec les apprêteurs. Les gardes étaient en même temps autorisés à faire leurs visites et opérer des saisies dans les balles de marchandises, aux bureaux des messageries, dans les magasins des voituriers, et à la sortie de la ville et des faubourgs.

Cette inquisition ayant dégoûté les marchands du dehors, ils n'envoyèrent plus leurs étoffes aux apprêts de Lisieux, et, en moins de deux mois, la manufacture éprouva une diminution dans la vente, de plus de douze cents pièces, et une perte de plus de 60,000 francs.

La querelle recommença plus vive que jamais de la part des teinturiers, foulons et fabricants, qui portèrent leurs plaintes à la cour des Aides. Plusieurs interlocutoires furent ordonnés, et deux arrêts du 7 mai 1779 condamnèrent les marchands en gros à 1,000 livres de dommages et intérêts, dont moitié pour les fabricants, et le reste pour les teinturiers et foulons.

Mais un conflit de juridiction s'étant élevé, et après maintes discussions pour les dépens devant les juges de Lisieux et d'Orbec, après un arrêt d'évocation au Conseil d'État, du 7 juillet, un autre arrêt interlocutoire, du 19 décembre 1780, un procès-verbal des dires des parties, dressé, le 19 juin 1782, par le subdélégué de l'intendant à Lisieux, et un projet de réglement, arrêté

rêté, le 25 décembre de la même année, par cinq députés des communautés, en présence de l'intendant, il fut enfin rendu en Conseil d'Etat, le 15 juillet 1783, des arrêts définitifs confirmant ce projet de réglement.

Il en résulta que tous les teinturiers, foulons, apprêteurs, marchands de frocs de la ville, et tous les fabricants de Tordouet, Fervaques et lieux environnants, seraient tenus d'envoyer leurs étoffes au plomb de projet ; que les fabricants de la ville seraient exempts de cette formalité ; mais que les marchands étrangers qui voudraient faire apprêter leurs frocs en ville, y feraient apposer un plomb, marqué des mots *gratis* et *étranger*, soit sur leur simple déclaration, soit sur le vu du plomb indicatif de leurs nom et domicile.

Ainsi furent terminées ces longues difficultés qu'il était nécessaire de rappeler pour donner une idée de la ténacité et de l'ardeur processive des communautés entre elles, ainsi que de la difficulté de régler sagement leurs intérêts respectifs.

Remarquons toutefois que tant de précautions prises à juste titre pour assurer la confiance publique, avaient en même temps le grave et irrémédiable inconvénient d'arrêter l'élan industriel, et de gêner, par une multitude d'entraves, la liberté du commerce.

Il s'en trouve un nouvel exemple dans les lettres-patentes des 5 mai 1779 et 4 juin 1780, concernant l'établissement des bureaux de visite et de marque dans les lieux où se tenaient les foires, la nomination de préposés royaux pour les desservir, et la manutention de ces bureaux. De sages précautions y étaient recommandées, telles que de faire prêter serment aux préposés, d'enfermer les coins et autres instruments de marque (1) dans un coffre à deux clefs déposé dans le bureau, et de les renouveler tous les ans en présence du juge des manufactures, qui dressait procès-verbal du bris des anciens.

Cependant les préposés du Roi, ou gens pourvus par lui des offices de visiteurs (2), n'étaient pas toujours bien reçus dans les villes de manufactures, où les gardes-jurés s'acquittaient ordinairement fort bien de leur devoir : aussi dans la généralité d'Alençon, plusieurs gardes-jurés ayant refusé d'admettre les préposés du Roi concurremment avec eux à la visite des étoffes, il fallut un arrêt du Conseil (7 mai 1784) pour prescrire que, dans tous les bureaux de cette généralité, cette concurrence existerait, et même que le préposé aurait une clef de l'armoire enfermant les coins et marques. Cet arrêt chargeait même les préposés de faire les achats nécessaires pour la desserte des bureaux, et admettait cette dépense dans les comptes des gardes. Si ceux-ci refusaient aux préposés la concurrence avec eux, ils pouvaient être destitués, et déclarés incapables d'exercer à l'avenir leurs fonctions.

En conséquence, dès le 29 juin suivant, M. de Calonne nomma un préposé au bureau de Lisieux, en lui accor-

---

(1) La forme des marques était aux armes du Roi. Leur dimension était réglée par arrêts du Conseil des 7 décembre 1785 et 31 mai 1786.

(2) A Orbec, les fonctions de visiteur *héréditaire* des draps et manufactures de laines ès vicomtés d'Orbec, Pont-Autou et Pont-Audemer, furent données à Jean Lenepveu, par lettre de provision du 31 décembre 1625.

dant 2 sols 6 den. pour livre (1) du produit de son bureau, dont les gardes continueraient cependant de faire la perception. Ce préposé jouissait de plus des priviléges et exemptions accordées aux employés des fermes. Il était tenu de rendre ses comptes à l'inspecteur tous les six mois ; et, pour faciliter l'exercice simultané des fonctions des *gardes* et des *préposés*, les jours et heures du bureau étaient fixés par les juges des manufactures.

Néanmoins la communauté renouvela ses doléances, par une requête présentée, le 17 novembre 1787, à l'assemblée provinciale de la généralité d'Alençon. Mais ce fut vainement, et la fiscalité triompha encore une fois de ces plaintes.

§. VIII. *Aunage.*

Anciennement, et jusqu'à la dernière moitié du 14.ᵉ siècle, on se servait dans la ville de Lisieux de plusieurs espèces d'aunes pour mesurer les étoffes de fil et de laine.

Depuis long-temps, disent les chartes, il en résultait des tromperies entre les marchands et les contractants. La fraude existait aussi dans la manière de se servir de chaque aune.

Pour obvier à ces inconvénients, l'évêque de Lisieux obtint en 1368 (le 7 septembre) des lettres-patentes de

---

(1) Ce droit fut porté à 3 sols par arrêt du Conseil du 7 décembre 1785. Le fisc y trouvait à Lisieux une recette de 6,000 livres. Les gardes-jurés ne percevaient, avant l'établissement des préposés, qu'un sol par pièce ; ce qui leur suffisait pour fournir les plombs, payer les frais de *bureau*, et 150 livres à l'inspecteur pour ses appointements. Les marchands de frocs en gros lui en payaient 300.

Charles V, portant autorisation de se servir, dans la ville et banlieue, de l'aune de Paris ou de Rouen, selon que l'une ou l'autre paraîtrait mieux convenir à la généralité des habitants (1).

L'usage se conserva néanmoins d'auner les draps et autres étoffes avec *pouce et evant* au bout de l'aune, et de donner vingt-une aunes et demie pour vingt. Les acheteurs paraissaient aussi avoir introduit l'abus de diminuer un quart, qu'ils refusaient de payer, lorsqu'il manquait à la dernière aune de la pièce seulement un pouce, une *mesurette* (2) ou une demi-mesurette, au lieu de ne diminuer que ces petites quantités.

La nécessité d'établir l'uniformité dans l'aunage de tout le royaume fit introduire dans les réglements de 1669, de 1680 et de 1718, la défense de donner aucune surmesure excédant une aune et un quart sur vingt-une aunes un quart, à peine de 100 livres d'amende; et il fut ordonné, sous la même peine, que les étoffes seraient aunées bois à bois, sans que le vendeur dût à l'acheteur aucun *evant*, ni excédant d'aunage.

Ces réglements étant mal exécutés à Lisieux, où les anciens usages tendaient à prévaloir, l'évêque, auquel appartenait la halle, et en sa qualité de seigneur temporel, ayant en vue l'utilité du commerce et le bien public, fit placer l'aunage (3) des frocs sur une des tables de sa

---

(1) Cartulaire de l'évêché, folio 2.

(2) Le seizième de l'aune.

(3) C'est-à-dire une tringle en fer, de cinq aunes de long, pour mesurer les longueurs; et une aune de quarante-huit pouces pour les largeurs.

halle, et en fit dresser procès-verbal, le 12 août 1745, par le juge de police, en présence de l'avocat fiscal, des gardes des marchands de frocs, tondeurs en table sèche, et des gardes des fabricants.

Les marchands-vendeurs déplacèrent l'aune ; mais une sentence du juge de police, du 11 décembre 1745, en fixa les dimensions définitives, et la fit replacer, en enjoignant aux marchands de frocs de se conformer aux réglements sur la surmesure, et de payer aux fabricants les parties de la dernière aune, jusqu'à la marque de l'ouvrier, sans diminution d'aucun quart (1).

On peut consulter le réglement du 3 octobre 1689 sur la permission d'auner, soit sur le dos des étoffes, soit à la lisière.

Le préposé de l'évêque, faisant les fonctions d'auneur à la halle de Lisieux, il n'y avait point été créé d'office d'auneur en titre.

CHAPITRE V.

POLICE DU MÉTIER.

Comme nous allons le voir, les auteurs des anciens réglements, c'est-à-dire les maîtres eux-mêmes avaient étendu leur sollicitude non-seulement sur les contra-

(1) L'aune en usage à Lisieux, et non étalonnée, était plus longue de quatre pouces que celle de Paris, c'est-à-dire de quarante-huit pouces ; elle servait à vérifier plus promptement les largeurs, tandis qu'avec l'autre, il fallait souvent mesurer la pièce en deux fois. Une décision du Roi de 1766 rendit l'aune de Paris commune à tout le royaume.

ventions appartenant à la simple administration ou à la police judiciaire, mais encore sur les devoirs religieux que chacun devait pratiquer dans l'exercice même de sa profession.

A l'époque la plus reculée, la journée des ouvriers drapiers de Lisieux devait commencer à l'heure où le *saint* (1) sonne, avant le premier son de Matines, à la cathédrale de la ville. Il leur était accordé une heure pour déjeuner, et une heure et demie pour diner. Leur journée finissait à six heures depuis la première Saint-Michel jusqu'à Pâques, et à sept depuis Pâques jusqu'à la Saint-Michel, sous peine de perdre la journée. Les statuts de 1652 en fixèrent en tout temps le commencement à cinq heures et la fin à huit. (Art. 10.) (1482, art. 7.)

L'opération du décatissage semble avoir été connue dès ce temps, car les maîtres, ouvriers et *détailleurs* (détaillants) de la ville et du dehors ne pouvaient vendre draps de quelque état et sorte qu'ils fussent, s'ils n'avaient été mouillés et retraits, sur peine de 20 sols. (Art. 27.)

Le lieu et l'heure de la vente étaient aussi réglés par les statuts. Avant huit heures du matin, le samedi, jour de marché, les maîtres et ouvriers drapiers ne pouvaient se placer pour vendre, sous peine de 10 sols. Le bout de la halle à blé était le lieu où devaient être baillées (données) les traymes à filer au rouet. (Art. 29.)

Le fait de subornation, qui consistait à retirer un ser-

---

(1) La cloche.
Dans les villes de Commines, de Tournay, etc., il y avait une cloche pour annoncer le commencement et la fin du travail.
Ordonnances des rois de France, t. 4, p. 208 et 588.

viteur, ouvrier ou apprenti, du service d'un autre maître sans la permission de celui-ci ; était aussi soumis à l'application du statut commun. Le suborneur encourait une amende de 30 sols, et ne pouvait continuer de garder à son service le serviteur ainsi détourné de chez son maître. (Statuts de 1510, art. 14.)

Le travail de nuit pouvait être dangereux pour la sûreté publique. Nul maître ne pouvait tistre (tisser) autrement que de jour, en quelque temps que ce fût, sous peine de 60 sols, soit en draps ou serges, lingettes, langets, ou devanteaux.

Allouer à tisser à la pièce paraissait alors chose nuisible à l'industrie. Les maîtres ne pouvaient faire cet alleu qu'à l'aune, sous peine de 10 sols. (Art. 18.)

Les larcins peu graves et de nature à n'être punis que raisonnablement, entraînaient, contre le maître ou l'ouvrier, la privation, durant un an, de pouvoir besogner de son métier en la ville et banlieue. Pourtant celui à qui l'évêque consentait à faire grace, était de nouveau obligé de faire serment et de payer ses droits comme nouveau maître. (Art. 19.)

Si de la marchandise était vendue sans être sèche, le réglement de 1597 en prononçait la confiscation avec amende arbitraire.

Quant aux devoirs de conscience, le respect religieux obligeait à quitter son travail ou son diner au premier son des vêpres, les jours de fêtes de la confrérie. Il en était de même aux vigiles des fêtes Saint-Sacrement et Conception-Notre-Dame, et aux veilles des autres fêtes solennelles. Néanmoins le travail pouvait être repris après les vêpres, et continuer jusqu'à six heures. L'infraction à ces dispositions était punie de 60 sols d'amende. (Statuts de 1652, art. 10.)

Déjà sous l'empire du statut de 1510, et sous peine de payer un quarteron de cire à la confrérie, de semblables obligations avaient été imposées, et il avait été prescrit à chacun d'accompagner le roi de la confrérie aux messes et aux premières et secondes vêpres déclarées obligatoires, ainsi que de comparoir à son convoi. (Art. 16.)

Mais le zèle s'étant sans doute relâché dans le 17.e siècle, il fut itérativement ordonné que le roi et les gardes, sous peine de 8 deniers et de 4, assisteraient aux messes dites les dimanches, lundis et vendredis, à l'intention de tous les maîtres, tant à l'Hôtel-Dieu qu'à l'église Saint-Germain, etc. (Art. 15.); qu'ils assisteraient aux convoi et service des maîtres trépassés et de leurs femmes, et se chargeraient de prévenir les maîtres d'y assister; que ceux-ci feraient, chacun à leur tour, rang et degré, le pain à bénir pour les messes du dimanche à l'Hôtel-Dieu; cueilleraient au bassin ledit jour, et à la boîte (c'est-à-dire pour le profit de la confrérie) pendant la semaine, sous peine, pour la première contravention, d'un quarteron de cire à la confrérie, et pour les deux autres, de payer la valeur de la quête de la semaine ou du dimanche précédent. (Art. 16.)

Si l'on juge de l'exactitude des maîtres à suivre les offices, par le nombre des fondations religieuses faites par la communauté, on peut croire qu'elle était grande et qu'elle devait entraîner avec elle une grande perte de temps.

Ce qu'il faut ici remarquer, c'est qu'en général ces fondations n'eurent lieu que durant le 17.e siècle dans la manufacture de frocs de Lisieux (1). Il en fut de même dans les autres corporations d'arts et métiers de la même ville.

Ces fondations consistaient en messes tant basses que hautes, en offices canoniaux de différents saints, en obits de *requiem* et autres offices, et dans une procession solennelle les jour et fête saint Martin d'hiver (2).

Elles résultaient d'actes passés devant les tabellions par le roi et les gardes du métier, moyennant certaines sommes versées pour être converties en rente, et dont les arrérages étaient employés à payer le clergé chargé de l'acquit des prières.

Dans la plupart de ces actes, il était stipulé que les huit chapelains qui desservaient la confrérie des drapiers, accompagneraient le curé ou son vicaire lorsqu'il

(1) Etat des fondations faites à l'église Saint-Germain seulement.
Par les tisserands : les 1.er octobre 1585 — 9 décembre 1648 — 3 octobre 1680 — 18 septembre 1684 — 16 mai 1689 et 13 février 1700.
Par les compagnons tisserands : le 8 mars 1706.
Par les filles tisserannes : les 15 novembre 1692 — 13 décembre 1700 et 14 octobre 1710.
Par les teinturiers : le 22 octobre 1638.
Par les marchands drapiers-tondeurs : le 28 décembre 1684.
Par les drapiers-foulons : les 5 novembre 1655 — 4 mai 1664 — 19 novembre 1670 — 24 novembre 1683 — 13 septembre 1687 — 18 septembre 1689 et 11 décembre 1690.
D'autres fondations du même genre existaient également tant à l'Hôtel Dieu qu'à d'autres églises de la ville.

(2) Cette procession, fondée en 1690, se faisait autour de l'église, après les vêpres, par le curé, le vicaire, seize autres prêtres au moins, avec la croix et la bannière, etc....

Registres et actes des fondations de l'église Saint-Germain.

irait chercher leur roi à son hôtel pour le conduire à l'église, ou lorsqu'il l'y reconduirait, dans le cas seulement où cet hôtel serait situé dans l'enclos de la ville. Le clergé devait alors chanter des hymnes et répons selon la coutume. Ces chapelains étaient également tenus d'assister continuellement au chœur pour chanter les vêpres, matines, heures canoniales, messes, office des Morts et autres. Durant ces offices, deux ou quatre cierges brûlaient sur le grand autel, un au milieu du chœur, et une torche pendant l'élévation. Les maîtres avaient place au chœur de l'église, et leurs femmes devant l'autel et image du patron de la communauté. Les messes basses pouvaient être dites par le curé ou vicaire, ou par un prêtre *natif et régénéré* dans ladite paroisse et non pourvu de bénéfice. Enfin la sonnerie était diversement réglée, soit par horions au nombre de douze, soit en plein vol durant un quart-d'heure, soit alternativement de l'une ou l'autre manière.

Dans les cas où la fondation ne se trouvait pas suffisamment faite pour la sonnerie ou le luminaire, les ornements d'église ou autres choses nécessaires, il y était pourvu par les maîtres, qui en faisaient les frais à chaque office.

C'était ordinairement dans l'église, au banc de la charité, que les actes de fondation étaient passés, en présence du curé et de plusieurs prêtres, ainsi que d'un certain nombre d'officiers de justice et de notables bourgeois (les fabriciens de l'époque) députés pour la conservation du trésor.

On voit encore par le projet de règlement fait et exécuté provisoirement en 1757 par les drapiers-merciers, quincailliers non fabricants, qu'il était entretenu, aux dépens de leur communauté, quatre flambeaux, portés par les quatre gardes aux processions générales de la Saint-Sacrement et fête saint Louis, et par quatre pauvres aux inhumations des maîtres ou veuves dudit état, pendant que les maîtres portaient les coins du drap. A cette époque, la communauté payait un clerc pour aller porter aux maîtres l'avertissement d'y assister. (Art. 15.)

De ce qui précède, on peut conclure que, moyennant de justes et larges indemnités, le clergé de la ville était en quelque sorte à la discrétion de cette corporation, et qu'à son tour il exerçait sur elle toute la puissance de son ascendant et de son pouvoir.

Mais cela n'était pas conforme à la dignité de l'Eglise. Un des hauts doyens de la cathédrale, M. Taignier de la Bretesche, finit par le sentir, et il rendit, le 27 mai 1675, une ordonnance de réforme, par laquelle il considéra que les prétentions des prévôts, échevins et rois des confréries de se faire conduire et reconduire processionnellement par le clergé, de leurs maisons à l'église, étaient devenues une cause de scandale; que cette mauvaise coutume, introduite insensiblement par l'ignorance des peuples et la négligence des pasteurs, au lieu de continuer à entretenir la piété, ne pouvait servir qu'à la détruire, et était autant indigne de la majesté de l'Eglise que de la dignité du sacerdoce.

En conséquence il supprima, sous peine de suspense, les processions au domicile des prévôts et rois de confréries, les emplois des clercs des communautés, les pains bénits à fève, même le jour des Rois, etc. En même temps il défendit les jeux publics et l'ouverture des cabarets les dimanches et fêtes, durant le service divin.

De son côté, le bailli vicomtal fit un pareil réglement le 6 mars 1683 ; et, entre autres prohibitions, fit défense à tous *froctiers*, de Tordouet, Fervaques et autres lieux, d'apporter ni vendre aucuns frocs en la ville et faubourgs; à tous bourgeois de les recevoir ou recéler ; à tous gens du métier, de travailler après minuit venant sur un jour férié, à peine de 100 sols d'amende, 30 livres d'aumône et confiscation, dont moitié aux pauvres de la ville et moitié au dénonciateur (1).

Enfin les mêmes réformes furent maintenues et proclamées de nouveau par une sentence en forme de réglement, rendue, le 24 janvier 1728, en l'officialité de Lisieux, et suivie d'un mandement de l'évêque, du 1.er août 1730, enregistré au parlement de Rouen le 19 août de la même année.

Mais à côté de ces mesures de sévérité, devenues nécessaires, il en fallait d'autres de conciliation qui pussent conserver au clergé son autorité sur tous ces corps d'arts et métiers, devenus puissants dans la ville de Lisieux.

C'est sans doute ce qui peut expliquer la bulle d'indulgence la plus absolue, accordée, le 4 janvier 1724, par le pape Innocent III, à toutes les confréries de Lisieux, sous l'invocation de saint Crespin et saint Crespinien.

CHAPITRE VI.

JURIDICTION.

Sous le régime des corporations, depuis le 12.e jusqu'au 17.e siècle, leurs statuts particuliers avaient autorité de

(1) Anciennement les amendes étaient partagées par tiers entre

loi (1) ; et les peines qu'ils prononçaient étaient appliquées par le juge de police du lieu.

Dans les villes de prévôté, restées ou remises sous l'autorité immédiate du Roi, telles que Paris, Troye, etc , telles que Tournay après la révocation de sa commune en février 1366, c'était le prévôt qui condamnait aux amendes.

Dans les villes seigneuriales, telles que Lisieux, etc., c'était le sénéchal ou bailli du seigneur qui prononçait les condamnations en qualité de juge de police, ou bien le tribunal institué par le seigneur du lieu. Ainsi, à Commines, le seigneur qui avait donné des statuts aux tisserands, voulut que de toutes les *amendes et forfaitures* il *fût fait et oyes*, par ses échevins, *trois véritez* chacun an. Ces *franches véritez* étaient des assises ou plaids se tenant trois fois par an. Ce tribunal pouvait seul condamner à l'amende pour les contraventions aux statuts du métier.

Dans les villes d'échevinage, comme à Arras (2), Reims et ailleurs, ou du moins durant leur échevinage (car cette juridiction se trouvait quelquefois absorbée par le pouvoir royal ou seigneurial) (3), c'étaient les échevins et leur

---

la justice, la confrérie et les gardes; mais dans la suite il en fut appliqué une partie aux pauvres de l'hôpital.

L'évêque percevait une partie des droits de réception des maîtres, à titre de hance ou de permission d'association.

(1) Henrion de Pansey, et *Traité de police* par Delamare, t. 4, page 96.

(2) En la juridiction des échevins d'Arras, disent les statuts. *Ordonnances des rois de France*, t. 5, p. 508.

(3) Rapport de M. Varin au ministre sur les archives de Reims.

majeur (le maire) qui homologuaient ou confirmaient les statuts des corps de métiers, et qui prononçaient les amendes en cas de contravention.

A Lisieux, où la commune n'exista que par transaction avec l'évêque son seigneur temporel, en 1447, le sénéchal ou bailli haut-justicier du prélat étant en même temps seul juge de police, c'était devant ce juge qu'étaient portées toutes les contraventions sur le fait des arts et métiers de la ville et banlieue, et, par extension, de Tordouet, Fervaques et paroisses environnantes.

En général, les contraventions étaient constatées soit par les prudhommes-jurés pour la garde des métiers, soit par les échevins ou les gardes-jurés, soit par les sergents du bailli, soit, dans les derniers temps, par les inspecteurs-contrôleurs, visiteurs et autres préposés. Sur le rapport de ces officiers, le juge de police prononçait les condamnations.

Cet état de juridiction dura jusqu'au réglement du mois d'août 1669, dont le préambule portait que les ouvriers de diverses manufactures (y compris celles de laine) s'étant beaucoup relâchés, de nouveaux réglements étaient devenus nécessaires. Mais comme il pouvait naître des différents entre les marchands et les ouvriers, différents dont la poursuite les distrairait de leur travail s'ils n'étaient traités sommairement, et par des juges ayant une connaissance particulière de cette matière; en conséquence il fut ordonné que les maires et échevins, capitouls, jurats, et autres officiers ayant pareille fonction dans les Hôtels-de-Ville du royaume, connaîtraient en première instance de tous les différents mus et à mouvoir pour raison des longueurs, largeurs, qualités, visites, marque, fabrique ou valeur des ouvrages manufacturés, qualités des laines, teintures et blanchissages, même des salaires des ouvriers, jusqu'à 150 livres en dernier ressort et sans appel, et par provision jusqu'à quelque somme que ce pût être, nonobstant appel (1).

Les procès devaient être traités sommairement, sans ministère d'avocats ni procureurs, et à l'audience sur ce qui était dit par la bouche des parties, ou les pièces remises sur le bureau, sans appointements, procédures, ni formalités de justice, sans droits d'épices, salaires ou vacations. Il ne pouvait être alloué aux greffiers que 2 sols par feuillet de sentence expédiée en la forme de juridiction des juges-consuls.

Les comptes des gardes des communautés leur furent aussi dévolus gratuitement.

Le bureau de l'Hôtel-de-Ville de Lisieux était composé d'un maire et de quatre échevins, dont deux étaient renouvelés tous les deux ans, du procureur du Roi, et du secrétaire-greffier (2).

Les échevins étaient tenus de juger et prononcer suivant les statuts et réglements de chaque métier, sans remise ni modération de peines, faute de quoi ils en répondaient personnellement.

Ces jugements emportaient toujours contrainte par corps.

---

(1) Le bailli restait chargé de la connaissance des affaires survenant dans les communautés d'arts et métiers autres que les manufactures.

(2) Ordonnance du 5 décembre 1776 sur l'administration municipale de Lisieux.

L'exécution de cet édit se fit difficilement à Lisieux ; car jusqu'alors on n'y avait connu que la haute, basse et moyenne justice seigneuriale de l'évêque. Cette justice, toujours envahissante, avait été de tout temps en procès pour ses prérogatives, tant contre les hautes-justices des chanoines et du chapitre de la cathédrale, que contre le tribunal de l'élection établi à Lisieux et le bailliage royal d'Orbec.

L'Hôtel commun de la ville de Lisieux semblait en effet dépendre de cette haute-justice, en vertu de la charte de 1447, qui avait permis de le bâtir sur un fonds de l'évêché, moyennant une rente seigneuriale de 3 liv. 2 s. 6 den. En conséquence, l'évêque y percevait des droits, comme suite de sa juridiction pleine et entière dans ladite ville, ainsi que toutes les amendes qui s'y trouvaient jugées.

Par une autre charte portant organisation de la commune, il n'avait attribué aux échevins aucune partie de la justice de son bailli.

En exécution de ces titres, les juges de l'évêque voulaient continuer d'exercer les fonctions d'officiers municipaux à l'Hôtel-de-Ville, et d'y présider, comme par le passé, non-seulement les assemblées générales, mais encore le tribunal de police qui connaissait des affaires des manufactures.

Mais de semblables envahissements s'étant ainsi perpétués depuis 1669 dans les justices seigneuriales, plusieurs motifs joints à cette résistance firent rendre l'édit du mois d'août 1792, dicté en même temps par la fiscalité, et surtout par l'irruption incessante que faisait alors la royauté dans les libertés communales et dans les pouvoirs seigneuriaux.

Cet

Cet édit portait que plusieurs juges des seigneurs ayant usurpé, dans différents Hôtels-de-Ville, la qualité et les fonctions de juges, le Roi avait jugé à propos de supprimer tous les offices de maires de ville, et de faire défense à tous juges des seigneurs d'en faire aucunes fonctions, créant en même temps de nouveaux maires perpétuels, et des assesseurs auxquels il attribua, entre autres priviléges, celui de *connaître des manufactures* avec les échevins. Au nombre des signes de la prééminence qui leur était attribuée, on peut remarquer la préséance à laquelle ils avaient droit aux *Te Deum* et cérémonies publiques, sur tous officiers de ville et autres juges.

Ainsi les maires pourvus de ces charges par le Roi devinrent les *juges des manufactures*, dans les villes où il n'y avait point de lieutenants généraux de police (1).

Mais bientôt, par un arrêt du Conseil, empreint du même esprit de fiscalité, il fut permis aux seigneurs des villes d'acquérir ces offices et de les réunir à leurs justices, moyennant finance.

Les évêques de Lisieux, toujours empressés de faire valoir leurs anciens droits de juridiction, ne devaient pas différer de mettre à profit cette occasion de les ressaisir. Aussi M. de Matignon, ayant acheté les offices de maire et de procureur du Roi, les réunit à sa haute-justice. Cet état de choses dura depuis 1718 jusqu'en 1729,

---

(1) Ces fonctionnaires furent institués pour les villes de la province par édit de 1679.

L'acte du mois de novembre 1699, en établissant ces commissaires, leur attribuait l'exécution des statuts des communautés d'artisans.

7

temps pendant lequel le bailli de l'évêque présida à l'Hôtel-de-Ville, et connut des matières de manufactures.

Depuis, il plut au Roi de supprimer ces charges, de créer de nouveaux offices municipaux dans toutes les villes du royaume, et de les réunir aux corps des villes dans les lieux où ils n'avaient point été levés.

Dès-lors, les juges de l'évêque durent cesser de se trouver à aucune assemblée publique. Une attestation des échevins et de leur greffier constata que depuis 1742 ces juges n'avaient point présidé à l'Hôtel-de-Ville, et qu'ils ne s'y présentaient qu'en qualité de bourgeois.

Il fallait bien d'ailleurs qu'il en fût ainsi depuis l'arrêt du Conseil du 22 décembre 1744, qui faisait défense aux seigneurs des villes et à leurs officiers de s'immiscer, directement ou indirectement, dans l'administration des affaires des communautés, à peine de 3,000 l. d'amende, et de plus grande, le cas échéant.

Quoi qu'il en soit, de longs procès s'engagèrent encore durant les années 1769 et 1770 et jusqu'en 1787, entre le maire de la ville de Lisieux et le bailli vicomtal de l'évêque, pour empêcher ce dernier de se qualifier encore de *seul juge de police* dans l'intitulé de ses délibérations et jugements. Les projets du bailli ne tendaient à rien moins, sous ce titre, qu'à enlever à l'Hôtel-de-Ville sa compétence sur les manufactures.

Mais, disent les écrits du procès, le cri des officiers municipaux le força d'y renoncer, et une sentence de l'Hôtel-de-Ville, du 24 décembre 1787, mit fin à toutes ses prétentions.

Aucun doute ne s'éleva plus désormais, lorsqu'enfin l'édit de rénovation des communautés eut définitivement rendu la connaissance de leurs contestations au juge de police, en la manière accoutumée. (Edit du mois d'avril 1776, art. 26.)

CHAPITRE VII.

RÉSUMÉ STATISTIQUE.

Ce qu'il nous a été possible de recueillir à ce sujet, peut se rattacher à trois points principaux : le matériel et le personnel du métier, son administration financière, et son mouvement commercial.

Nous avons cru devoir prendre, pour cet aperçu statistique, l'époque de la dernière moitié du 18.e siècle. La moyenne proportionnelle du nombre de pièces d'étoffes fabriquées alors durant une année, pouvait être évaluée environ à vingt mille. Les documents que nous allons présenter seront en rapport avec ce chiffre.

Plus tard, la quantité de pièces fabriquées s'étant élevée de trente-deux à trente-trois mille, on pourra refaire sur cette base les calculs statistiques qui vont suivre.

§. I.er *Matériel et personnel.*

Les laines employées dans la manufacture de frocs et de flanelles nommées *molletons*, provenaient presque toutes du pays et des provinces voisines. On en employait annuellement environ quatre cent trente-neuf mille quatre cents livres.

Les métiers battans étaient au nombre de deux cent soixante. Chacun d'eux était occupé par un ouvrier tisseur.

Le gain de l'ouvrier tisseur pouvait être de 2 à 4 livres par pièce, c'est-à-dire de 20 à 24 livres par mois. Le nombre des pièces que chacun d'eux fabriquait, soit par mois, soit par an, dépendait de la quantité de matières employées, de la force des étoffes, et de la promptitude du travail.

Le gain des ouvriers, occupés à tirer les laines en étaim (1) pour faire la chaîne des molletons, était égal à celui des tisseurs.

Les autres ouvriers étaient payés à la livre, à l'exception des foulons, lanneurs et tondeurs qui l'étaient à la pièce. Ces ouvriers, au nombre d'environ six mille, s'occupaient, tant de la filature de la chaîne que de la préparation de l'ouvrage, et de l'arrangement de la tissure ou trame. Ils s'employaient encore à la *carde* et à l'*épluchage* des laines. On comptait parmi eux les *épinceurs* de pièces d'apprêt, les dégraisseurs, et les apprêteurs en blanc. Beaucoup d'entre eux faisaient leurs ouvrages dans leurs maisons, et avec leurs enfants.

Le nombre des maîtres, qui n'était en 1756 que de cinquante-cinq à soixante, et en 1763 de quatre-vingts, avec trois mille ouvriers à leur service, s'était élevé en 1779 jusqu'à cent trente à cent trente-cinq.

Quant à la répartition du nombre de pièces sortant de la manufacture, on trouve qu'il en fut fabriqué en 1770 :

1.º Par dix-sept marchands de frocs en gros. 22,451

2.º Par deux marchands de laine, quatre apprêteurs, un bourrelier et trois externes. 987 1/2
_____
23,438 1/2

(1) La laine longue ou étaim se filait à la quenouille ; la laine cardée ou trame se filait au rouet.

Report. . . .	23,438	1/2
3.º Par vingt-huit marchands merciers.	832	1/2
4.º Par quatorze marchands-fabricants de frocs.	1,047	1/2
5.º Par quatre marchands pourvus de charge de secrétaire du roi au parlement de Rouen, ou exempts de taille à tout autre titre.	7,307	1/2
Total. . . .	32,626	0

Si l'on veut savoir dans quelle proportion les fabriques de Lisieux, Fervaques et Tordouet, contribuaient au produit général, on peut consulter deux comptes de 1784 et 1785.

Le premier constate qu'il fut marqué, durant le premier semestre, comme provenant de Fervaques, Tordouet et lieux voisins:

1.º Frocs en toile.	690
2.º Frocs apprêtés.	6,707
Total pour six mois. . . .	7,397

Du second il résulte que sur vingt-deux mille cent soixante-cinq pièces marquées, il s'en trouvait onze mille cent dix-sept de Lisieux, et de Tordouet, onze mille quarante-huit.

Voici maintenant comment le *service* se faisait dans la manufacture, non compris la communauté des *tisserands*, ni celle des *foulons*, dont chacune faisait corps à part (1).

————————
(1) Dénombrement arrêté en 1768, entre les marchands de frocs, teinturiers, friseurs et apprêteurs de la ville de Lisieux, à leur chambre de commerce.

Marchands de frocs.—Maîtres ou fils de famille, vingt-deux.—Facteurs, neuf.—Domestiques, deux.—Chevaux, treize.

Teinturiers.—Maîtres ou fils de famille, onze.—Domestiques, deux.—Compagnons, dix-huit.

Friseurs.—Maîtres, cinq.—Domestique, un.—Cheval, un.

Apprêteurs et tondeurs.—Maîtres et fils de famille, sept.—domestique, un.—Compagnon, un.

Récapitulation.—Maîtres, quarante-cinq.—Facteurs, neuf.—Domestiques, six.—Compagnons à la pièce ou au mois, vingt-un.—Chevaux de selle, quatorze.

§. H. *Administration financière.*

Les recettes et dépenses générales enregistrées aux bureaux de la manufacture, se composaient en général, année commune, ainsi qu'il suit :

RECETTE :

1.º Pour marque de trente mille huit cent quatre-vingt-dix-huit frocs, à raison de 4 sols par pièce, 6,179 livres 12 sols.

Nota. Selon les temps, ce droit s'élevait à 4 sols 6 d., et jusqu'à 6 sols.

2.º Pour sept mille huit cents pièces présentées au contrôle, à raison de 1 sol, 390 livres.

Nota. Ce contrôle abusif ne dura que quelques années.

3.º Pour le rôle des tondeurs, apprêteurs, machiniers et teinturiers assis au marc la livre, et ce, en déduction des impositions générales dont les marchands de frocs faisaient le versement conformément à l'art. 6 de l'arrêt du Conseil, du 27 décembre 1717, sur la taille proportionnelle ; savoir :

Principal de taille, 365 liv. — Capitation, 425 liv. — Industrie, 156 liv. — Corvée de chemins, 207 liv. — Miliciens, 113 liv. — Dépôt de mendicité, 142 liv.

Nota. Ces sommes variaient suivant les années ; et souvent il n'y avait rien à payer pour la corvée, les miliciens et le dépôt de mendicité.

DÉPENSE :

1.º Impositions payées au receveur de la ville, tant pour taxe personnelle qu'à l'acquit des tondeurs, apprêteurs, machiniers et teinturiers ; savoir :

Principal de taille, 2,516 liv. — Capitation, 2,923 liv. — Idustrie, 1,078 liv. — Corvée de chemins, 899 liv. — Miliciens . . . . . . — Dépôt de mendicité, etc.

2.º Pour trente-trois mille cinq cents livres de plomb, à 20 sols le cent. . . . . 335 liv.

3.º Pour loyers du bureau. 100

4.º Pour gages du clerc porteur d'avertissements. 36

5.º Pour portion des appointements de l'inspecteur. 150

6.º Appointements du concierge et préposé à la recette. 250

7.º Chauffage et fournitures du bureau. . . 65

8.º Empreintes et marques, gravure des estampes. 10

9.º Tenture et fleurs pour la Fête-Dieu. . . »

10.º Aux prêtres pointeurs de l'église, pour l'office Saint-Martin. . . . . »

11.° Frais de procès. . . . . » liv.
12.° Réparations...Entretien du mobilier, etc. »

De tous ces articles, un seul demande quelques explications, c'est celui de la taille, afin de faire connaître dans quelle proportion chacun des corps de la manufacture d'étoffes de laine y contribuait, et par conséquent quel était leur état financier.

La *taille arbitraire* existait, comme on le sait, dans toute la Normandie ; mais en 1717, la ville de Lisieux obtint un arrêt du Conseil qui la lui déclara *proportionnelle*.

En exécution de cet arrêt, *la manufacture de frocs* payait alors 1,820 livres, la communauté des *tisserands* 1,000 livres, et celle des *foulons* 90 livres. Ces sommes, y compris les accessoires énumérés ci-dessus, furent successivement augmentées, et se trouvèrent portées en 1762 jusqu'à 7,000 livres.

Le recouvrement de ces sommes se faisait ainsi qu'il suit :

1.° La répartition des 1820 liv. de la manufacture était confiée aux marchands en gros. Voici dans quelles proportions chacun y contribuait : les *marchands en détail* devaient payer chacun 10 livres ; les *tondeurs-apprêteurs*, 10 livres, et chaque compagnon 2 livres 10 sols ; les *teinturiers*, 12 livres 10 sols, et leurs compagnons 2 livres 10 sols ; les *machiniers*, 10 livres par machine. Le surplus était supporté par les *marchands en gros*, proportionnellement au nombre de frocs que chacun d'eux achetait à la halle. Ceux de ces marchands qui vendaient en même temps en détail, payaient aussi avec les détaillants. Ces répartitions s'opéraient au moyen de leur plomb de projet.

Ainsi, en 1767, 1.* cinquante *marchands en détail*, à 10 livres, payaient 500 livres ; 2.º neuf *tondeurs*, à 10 livres, payaient 90 livres, et leurs quarante ouvriers, à 2 livres 10 sols, 190 livres ; 3.º huit *teinturiers*, à 12 livres 10 sols, 100 livres, et leurs trente compagnons, 75 livres ; 4.º trois *machiniers*, 30 livres, et leurs six compagnons, 15 livres ; 5.º cinquante ouvriers apprêteurs des marchands en gros, 125 liv. : total, 1,125 liv. Le surplus, montant à 695 livres, restait à la charge des *marchands en gros*, au nombre de douze ou quinze associés. Mais à la décharge de cette somme, contribuaient encore tous les teinturiers, foulons, apprêteurs, fabricants et marchands de la ville et banlieue, de Fervaques, Tordouet et lieux environnants, au moyen des 6 sols par pièce qu'ils payaient lors de l'apposition du plomb de projet, avant de les faire entrer en ville dans les maisons.

2.º La répartition des 1,000 livres, pour lesquelles la communauté des tisserands contribuait, se faisait entre eux à proportion du nombre de pièces que chacun portait au bureau de visite et de marque.

3.º La somme de 90 livres, à laquelle la communauté des foulons était aussi imposée, se partageait de manière que chaque exploiteur de moulins payait 15 liv. Le surplus était réglé par *foules* et *lanes*, de la quantité desquelles les maîtres étaient tenus de faire déclaration.

Il est inutile de faire remarquer quelles variations éprouva la taille dans la ville de Lisieux, et combien de fois on fut obligé depuis 1717 de réduire cette imposition dans les communautés dont la prospérité décroissait, pour rejeter ces diminutions en reprises sur celles qui florissaient.

Rappelons seulement un dernier arrêt du Conseil du 22 novembre 1785. En fixant le dernier état de la législation sur cette matière, il éleva la taille de la manufacture de frocs à la somme de 2,160 livres ; celle des fabricants de draps et étoffes de laine, à 1,200 livres ; et abaissa celle de la communauté des *foulons-tanneurs*, à 35 livres.

Une nouvelle communauté, celle des marchands de laine ou de bourre, s'étant établie durant cet intervalle, sa quote-part fut fixée à 70 livres, à répartir par égale portion entre tous ses membres.

§. III. *Mouvement commercial.*

Le moyen le plus simple de donner une idée précise de l'étendue du commerce d'étoffes de laine de Lisieux dans les derniers temps de sa vie de corporation, me paraît être de commencer par faire un tableau général de la distribution des capitaux employés à la fabrication, et d'énumérer ensuite les lieux d'exportation des marchandises.

L'époque choisie est l'année 1779. Le nombre pris pour base est celui des pièces d'étoffes fabriquées durant cette année, c'est-à-dire, dix-neuf mille cinq cent quatre-vingt-huit.

TABLEAU GÉNÉRAL DE LA FABRICATION EN 1779
POUR LA VILLE DE LISIEUX.

Qualités.	Nombre des portées.	Nombre des pièces.	Aunes de longueur.	Prix de la pièce	Valeur totale.
				l.	l.
1.re	30	3,500	25 à 26.	75	262,500
2.e	28	2,540	24 id.	70	177,800
3.e	28	2,351	24 id.	65	152,815
4.e	28	2,780	24 id.	60	166,800
5.e	28	2,690	24 id.	50	134,500
6.e	28	2,812	24 id.	42	118,104
7.e	22	2,915	24 id.	36	104,940
Tot.		19,588			1,117,459

Les lieux d'exportation étaient Rouen, Caen, Falaise,

Argentan, Alençon, le Maine, l'Anjou et la Bretagne, Honfleur, le Havre et tout le pays de Caux, Dieppe et Fécamp, Bayeux et tous les ports de mer de la Basse-Normandie.

Les meilleures qualités, c'est-à-dire à trente portées, s'expédiaient alors pour Paris et Versailles.

CONCLUSION.

L'histoire des corporations de Lisieux n'offre pas, comme dans d'autres contrées, une espèce d'intérêt dramatique. Peu d'événements importants se sont passés dans cette ville ; de là point d'intervention politique dans les affaires de la province, et surtout point d'insurrections. Rien n'y est guerrier ; tout y est pacifique et religieux, comme si l'influence cléricale se fût étudiée à en modérer les mouvements. Par l'ordre et le travail elles arrivent à la fortune, et de là à la noblesse (1) ; noblesse *de laine*, il est vrai, et qu'en Italie celle *de soie* aurait méprisée. Mais qu'importe ? En France, les classes inférieures s'élevaient par le commerce, tandis que dans les républiques italiennes la noblesse se faisait marchande. Chacune de ces voies conduisait au pouvoir, but de tous les hommes,

---

(1) C'était ordinairement par des offices de secrétaire du Roi au parlement de Rouen, ou par d'autres emplois dans la magistrature, que les négociants de Lisieux gagnaient leurs pacifiques éperons. La manufacture de frocs fournit un assez grand nombre de ces privilégiés : toutefois fallait-il être marchand *en gros* pour ne pas déroger.

et souvent des plus louables ambitions. Arriver à le saisir, c'était en effet un pas vers la liberté et l'indépendance. Ainsi marchait le tiers-état à travers le moyen âge, lentement, mais sûrement. Il avait eu ses jeux chevaleresques et ses tournois, il lui fallut dans les derniers temps ses bannières blasonnées (1) pour se reconnaître, et ses armes parlantes qui parfois aussi rappelaient des faits glorieux. Mais ce qui reste de tout cela comme plus durable, ce sont les routes (2) auxquelles les membres de ces corporations ont travaillé personnellement ou de leurs deniers ; ce sont des noms honorables et des fortunes acquises au

---

(1) La communauté des *tisserands* de Lisieux portait l'écusson d'azur, à une navette d'argent posée en face ; celle des *tondeurs* portait d'or, à deux forces de sable couchées en face l'une sur l'autre ; les *teinturiers*, d'argent, à un saint Maurice d'or ; enfin les *merciers*, d'azur, à une demi-aune d'argent, posée en face, alaisée, marquée de sable. (Quant aux marchands de laine et aux drapiers en gros, ils avaient sans doute aussi des armoiries, puisque ceux d'Orbec en possédaient ; mais il nous a été impossible de les découvrir. Nous devons en dire autant des armoiries des confréries de charité formées dans chacune de toutes ces communautés.)

Voir l'*Armorial général de d'Hosier*, aux manuscrits de la bibliothèque du Roi.

(2) Telles sont les parties des routes de Pont-l'Evêque, de Livarot et de Caen, situées dans l'étendue de la banlieue de Lisieux. La tâche de chaque communauté était divisée et subdivisée en proportion du nombre de ses membres. Chacun pouvait la faire personnellement, ou à prix d'argent, au moyen d'adjudications dont les prix étaient répartis entre les corporations, au marc la livre de leurs tailles respectives. (Ordonnance de l'intendant d'Alençon du 1.er février 1768.)

prix de la plus sévère probité, que la manufacture de froqs de Lisieux a multipliés dans cette ville depuis plusieurs siècles ; ce sont enfin de sages administrateurs que cette communauté industrielle a constamment donnés, soit comme notables, au Conseil général de la ville ; soit comme maires et échevins, au bureau d'administration et au tribunal de l'Hôtel-de-Ville. Le bien qu'ils ont fait dans la cité, il faut leur en conserver le souvenir ; la liberté, qu'ils ont toujours défendue avec sagesse et modération, on devra peut-être encore plus leur en tenir compte.

ERRATUM.

A la page 63, au bas de la note, au lieu de quarante fils, lisez *trente-deux*, et ajoutez les mots : *dix-huit cens* signifient *fils* ou *portées*.

CAEN, IMPRIMERIE DE A. LE ROY.—1837.

www.ingramcontent.com/pod-product-compliance
Lightning Source LLC
Chambersburg PA
CBHW070520100426
42743CB00010B/1884